주체적 신앙의 지형도

그리스도인 홀로서기

주체적 신앙의 지형도

그리스도인 홀로서기

장호광 지음

+ 목차 +

IV 내면의 주체에서 연결하는 주체로   91

I

서론

✦ ✦

이 책은 제목에서 알 수 있듯이 그리스도인 홀로서기, 즉 그리스도인이 목회자를 비롯해 제3자에 의존하지 않고 신앙의 길을 스스로 사유하고 판단해서 걸어갈 정도의 주체적 신앙의 정위(正位) 작업을 위한 의도로 쓰여진 글이다. 책 제목에서 '지형도'라 한 것은 성도의 주체적 신앙 확립을 위한 안내서 내지 길라잡이 역할을 한다는 뜻이다. 지도는 본래 길을 안내하는 역할을 한다. 하지만 그 역할은 결코 과소평가돼서는 안 된다. 생소한 길에 들어서서 갈 바를 알지 못해 헤매고 있을 때, 지도가 없다면 어떻게 되겠는가? 자칫 미로 속에서 빠져나오지 못한 채 낙오자가 될 처지에 놓일 것이다. 어쩌면 길을 잃어 생명을 잃을 수도 있는 위험에 처하게 될지도 모른다. 그만큼 지도가 단순해 보이지만 결코 단순하지 않으며 생명줄과도 같은 것이다. 따라서 제목을 "지형도"라 표현한 것은 그리스도인 홀로서기가 해도 되고 안 해도 되는 선택 사항이 아니라, 반드시 행해야 할 필연성 내지 당위성을 갖고 있음을 나타내려는 데 있다.

오늘의 국내 교계 상황을 객관적이며 냉철한 눈으로 들여다보면, 왜 그리스도인의 주체적 신앙 확립이 필요한지 알게 될 것이다. 더구나 한국 개신교 선교 초기 상황과 비교해 보면 더더욱 그 필요성을 절감하게 된다. 특히 일제 치하 시기, 한국 교회는 영적 영역인 교회뿐만 아니라, 사회적 영역에서도 선한 영향력을 행사함으로써 사회 변혁의 주체 세력으로 자리매김하고 있었다. 선교사의 지원에 힘입어 당시 열악한 상황에서 학교 및 병원을 비롯한 각종 복지시설을 건립해 사회 변방으로 내몰린 소외 계층, 그중에서도 가난하고 병약한 자들에게 다가가 도움의 손길을 제공한 아름다운 역사를 지니고 있었다. 무엇보다 나라를 되찾고자 목숨을 아끼지 않고 희생한 수많은 그리스도인 독립 운동가가 있었다.

하지만 이런 아름다운 교회의 역사가 어느 순간 뒤안길로 사라지더니, 이제는 흔적조차 찾을 수 없을 지경에 이르렀다. 오히려 최근 들어 믿지 않는 세상 사람들로부터 '교회 포비아'라는 말을 들을 정도로 혐오 증세가 득세하는 형국이다. 왜 그럴까? 현 국내 교회 상황을 조금만 주의를 기울여 살펴보면, 그 이유를 쉽게 알 수 있다. 어느 정도 규모가 되는 교회면 담임목사직을 자식들에게 물려준다. 그러고 나서 본인은 원로목사라는 명분으로 뒤로 물러난 듯 보이지만 설교권을 놓지 않고서 수렴청정한다. 만약 성도 중에 반대 세력이 나타나면, 추종하는 세력을 규합해 힘으로 밀어부친다. 그것도 안 되면, 온갖 편법을 동원해 기어코 성사시키고 만다.

또 다른 문제는 목회자를 비롯해 다수의 성도가 최근에 와서 여느 정부 때와는 비교할 수 없을 정도로 정치적 이데올로기나 신념에 경도되어 정치적 색깔을 띤 각종 모임이나 행사에 참여한다. 한쪽 손엔 태극기, 다른 손엔 성조기 내지 이스라엘 기를 쥐고서 찬송가를 부르며, 마치 구약 시대 이스라엘이 블레셋 군대를 상대로 싸움터에 나가는 기세등등한 군병처럼 말이다. 이런 모임에 직접 참여하는 숫자보다, 전국 각처에서 간접적으로 후원하고 지지하는 세력이 훨씬 상회한다.

그리스도인이라 해서 정치적 목소리나 색깔을 내지 말라는 법은 없지만, 국내 개신교 단체 명칭이나 교회 명칭을 사용하거나 십자가를 내세워서 특정 정당을 지목하여 '좌파 빨갱이'라는 닉네임을 붙여 몰아세우는 데 문제가 있다. 모든 그리스도인은 천국 시민이자 동시에 한 국가의 시민이기 때문에 정치적 목소리를 내거나 특정 정당을 지지하여 투표권을 행사할 수 있다. 아니 행사해야만 하는 의무와 책임이 있다. 하지만 언제부터인가 국내 개신교가 목회자를 중심으로 정치색을 강하게 띠기 시작하더니, 지금에 와서는 특정 정당에 소속된 정치인들과 손을 잡고 선거운동을 벌이거나, 각종 행사나 모임에 적극적으로 참여한다. 그뿐이랴! 목회자들이 자신들의 교회에 소속된 성도들에게도 특정 대통령 후보나 특정 정당을 지지하도록 간접적으로 유도하거나 지지해 줄 것을 독려하기까지 한다.

이런 일 때문에 한국 교회가 믿지 않는 사람들로부터 혐오감을 불러일으킨다. 특히 보수 기독교가 지지하는 정당의 반대 측에 서 있는 사람들로부터의 혐오감의 강도는 훨씬 더 심하다. 우리가 알고 있듯이, 예수께서 활동할 당시 이스라엘은 로마 정부에 종속된 식민지 국가였다. 하지만 예수는 독립 운동을 일으키거나 민중 봉기를 획책한 사실도 없다. 더구나 정치 색깔 논쟁에 빠져 좌파나 우파로 나눠 비판을 일삼지 않으셨다. 오로지 이 땅의 나라가 아니라 하나님 나라를 전했다. "회개하라 천국이 가까이 왔느니라"(마 3:1).

이렇게 한국 교회가 정치적인 일에 관여하여 특정 대통령 후보나 특정 정당을 지지하는 입장을 표명함으로써 상대 정당을 지지하는 측으로부터 비판을 받는 빌미를 제공해서는 안 된다. 교회의 본질이 이 땅의 나라를 세우는 데 있는 것이 아니라, 하나님 나라를 건설하고 확장하는 데 있기 때문이다.

이외에도 현 국내 교회의 문제점으로써 잊을만하면 터지는 목회자의 성 추문 사건이라든가, 각종 교회 공금횡령 사건들이 언론을 통해 심심찮게 들려온다. 그런데 문제는 이런 범죄적 사건을 터뜨린 목회자들이 처음에는 반성하는 듯한 태도를 취하다가 기회를 엿보아서 때가 되면 각종 수단과 방법을 동원해 다시 제자리로 돌아오려 한다. 실제로 그렇게 해서 성공한 사례가 적지 않다.

이로 인해 날이 갈수록 '가나안 성도' 숫자가 MZ세대를 중심으로 점차 증가하는 추세다. 심지어 이런 성도의 숫자가 200만 명을 웃돈다는 소리가 들려온다. '가나안 성도'는 대개 교회에 대한 실망, 그중에서도 같은 성도 간 관계에서 오는 것도 있겠지만, 대부분 목회자의 각종 비리나 부패에 실망하거나 환멸을 느껴 더 이상 교회 출석을 꺼려하는 현상을 두고 일컫는 속어다. 이들의 공통점은 신앙 자체를 버린 것은 아니지만, 교회 출석은 하지 않은 채 잠재적 신앙인으로 머물려고 한다. 심각한 현실이다.

지금까지 국내 교계 상황에 대해 너무 부정적인 이미지로만 덧입히는 것 같아 내 마음도 편치 않다. 물론 "역시 교회는 달라."라든가, "역시 그리스도인은 근본이 달라도 달라."라는 세상 사람들로부터의 덕담도 여기저기서 들려온다. 하지만 이런 담론들이 근래에 와서 점차 줄어든다는 데 문제가 있다. 세상의 '빛'과 '소금'이 기는커녕, 빛이 바래져 어둠 속으로 점점 침전되어가고, 맛을 잃어버린 소금이 즐비하여 세상 사람들로부터 버림을 받는 처지로 전락해가고 있다.

그래도 어떡할 건가? 절망의 더미에서 일어날 새로운 희망을 찾을 수밖에 없지 않겠는가. 꺼져가는 불씨를 살려 불을 새로이 지펴야 한다. 소금의 본래 맛을 되찾아 모두가 찾는 필수품이 되도록 해야 한다. 여기저기 흩어져 각자도생의 심정으로 은둔하는 '가나안 성도'들을 찾아 그들에게 양지로 나올 수 있는 길을 제시해야 한다. 한국 개신교 선교 초기의 순수한 신앙 정신으로 돌아가려는 회복 운동이 일어나야 한다. 이 땅에서 잘 먹고 잘 사는 웰빙적 축복관으로 점철된 변질된 복음에서 벗어나, 하나님 사랑과 이웃 사랑을 통해 확장되는 하나님 나라를 세워가야 한다.

어쩌면 오늘의 국내 교회에 급습한 이런 위기 상황이 새롭게 발돋움할 '기회'의 전환점일지도 모른다. 그렇다면 도약하고 비상할 수 있는 새로운 기회로 삼아야 한다. 역사적으로 되짚어보면, 이런 전화위복의 일들이 수없이 발생했다. 이를 위한 다양한 예를 들 수 있겠지만, 가장 강한 임팩트(Impact)를 남길 만한 한 가지 예만 든다면, 단연코 종교개혁 운동일 것이다. 우리 모두가 알고 있듯이, 교회 역사상 가장 부패하고 각종 비리로 얼룩진 당시의 상황이 종교개혁을 촉발시킨 근본적인 원인이 되지 않았는가? 마찬가지로 오늘의 한국 교회에도 이런 변화의 바람이 강력하게 불게 해야 한다. 이처럼 극단을 치닫는 위기가 결국 교회를 전반적으로 새롭게 디자인하는 기회가 될 수 있다.

　바로 이 기회를 포착해서 실현시키기 위한 방향을 제시하려는 시도가 이 책을 쓰게 한 근본적인 동기다. 위기에서 기회로 전환시킬 결정적인 착점(着點)을 국내 그리스도인의 홀로서기 내지 주체적 신앙에 두려 한다. 이를 통해 설교에만 목매달거나 어린아이처럼 목회자가 떠먹여 주는 것만 받아먹으려는 성도들의 피동적 태도에서 벗어나게 하려 한다. 여기서 한 걸음 더 나아가 말씀을 스스로 이해하고, 해석하고, 적용까지도 가능할 정도의 소양을 갖게 하려 한다. 뿐만 아니라 기독교적 가치관 내지 세계관을 바탕으로 세속적 영역과 영적 영역을 접속시키는 방법과 길을 터득하게 하려 한다. 그래서 '영적 편식증'에 걸려 협소하고 편협된 사고에 빠지지 않기 위해 '세상적인 것'도 더불어 섭취할 정도의 조화와 균형 잡힌 시각을 갖게 하려 한다. 이것은 목회자들처럼 신학 정규 교육을 받지 않아도 얼마든지 가능한 일이다. 이 책은 바로 그 가능한 일을 스스로 찾을 수 있도록 안내하는 내용으로 구성되어 있다.

　이런 목적으로 쓰여진 이 책은 네 가지 축을 중심으로 전개된다. 첫 번째 축은 왜 "그리스도인 홀로서기"가 필요한지, 문제의식을 고취하려는 의도로 쓰여졌다. 성도의 주체적 신앙의 결여로 나타나는 다양한 부작용을 네 가지 사례를 중심으로 다음 제목으로 모색해 보았다. "복을 빌어주는 목회자를 찾아 교회를 떠나다", "십일조로 인해 시험 든 어머니", "목회자의 정치적 이념에 길들여진 그리스도인들", "바른 성서 이해가 주체적 신앙으로 이끈다." 그리스도인의 홀로서기가 왜 필요한지를 학문적 버전으로 접근하기보다, 보통 성도들이 일상에서 쉽게 경험할 수 있는 사례를 중심으로 접근한 것은 이해도와 실재감을 높이기 위한 의도다. 네 가지 사례 중 두 가지는 본인의 실제적인 체험에 기반한 것이고, 나머지 두 가지는 평신도 스스로의 능력으로 가능하게 하는 성서 해석 및 적용과 정치적 판단에 관한 것이다.

두 번째는 성도들의 주체적 신앙 확립을 위한 이론적 토대 다지기에 관한 것인데, "성직제도와 교권주의", "루터의 만인제사장론" 및 "키에르케고어의 단독자 개념" 제목으로 펼쳐진다. 먼저 목회자와 평신도 간의 차별적 경계선을 확고히 하는 데 결정적인 역할을 한 '성직주의'와 '교권주의'를 살펴볼 것이다. 성직주의와 교권주의가 종교개혁을 기점으로 많이 약화됐다는 평가를 받지만, 안타깝게도 국내 교계에서는 그 기세가 꺾이지 않고 오히려 더 강화된 형태로 탈바꿈하여 그대로 존속하는 실정이다. 따라서 국내 현대판 성직주의와 교권주의에 담겨 있는 불편한 진실을 살펴보고 그 실상을 파헤쳐 목사와 평신도 간 관계에 대한 바른 이해를 도모할 것이다.

다음으로 그리스도인의 홀로서기를 위한 이론적 토대, 그중에서도 신학적 토대로 루터의 '만인제사장론'을 살펴볼 것이다. 왜냐하면 만인제사장직은 로마 가톨릭에 있어 사제직과 평신도 간 계급적 구분을 없애고 하나님 앞에서의 역할과 기능에 있어 차이가 날 뿐이지, 신자 모두가 동등하다는 수평적 관계를 확립한 성서적인 교리이기 때문이다. 더불어 루터의 만인제사장론에 반기를 든 로마 가톨릭의 수도사인 니콜라우스 헤르보른을 등장시켜 그 반대 목소리 또한 청취하려 한다. 이를 통해 로마 가톨릭 측이 루터의 만인제사장론에 대해 왜 그렇게 반대하는지, 그 이유가 드러날 것이다.

그리스도인의 주체적 신앙 확립을 위한 또 다른 이론적 토대로써 철학에 기대어, 덴마크의 고독한 철학자이자 신학자인 쇠렌 키에르케고어를 소환하여 하나님 앞에 선 '단독자' 개념을 중심으로 살펴볼 것이다. 그리스도인의 진정한 신앙은 대중 혹은 집단 속에서가 아니라, 철저히 신 앞에선 개별자로서 형성돼야 함의 당위성을 갖고서 전개된다.

다음 세 번째 축은 "내면의 주체에서 연결하는 주체로"라는 제목으로 '주체성' 개념에 천착해서 그것이 의미하는 바가 무엇이며, 그리스도인의 주체적 신앙 정립을 위해 어떤 의의를 갖는지, 그 적용성에 중점을 두고 살펴볼 것이다. 이를 위해 먼저 개별적 자아의 "내면의 주체"를 근대의 주체 철학을 열게 한 데카르트를 필두로 서구 유럽 관념론의 절정을 보인 헤겔을 중심으로 모색해 볼 것이다. 이어서 그런 내면의 자아에 금을 낸 니체와 데리다를 소환하여 앞서 확립한 내면의 주체성이 어떻게 해체되어 가는지, 그 과정과 원인을 요약·정리하여 살펴볼 것이다. 그런 다음 그런 자아의 내면성의 문을 열고 바깥으로 나와 다른 자아들과의 관계에서 주체를 정립하는 '서로주체성' 내지 '상호주체성'으로 방향을 돌릴 것인데, 타자윤리학자인 레비나스와 종교개혁자인 칼뱅을 중심으로 다각적으로 주체성 담론을 펼쳐갈 것이다. 인간을 창조한 하나님 역시 성부, 성자, 성령, 삼위의 관계적 존재이듯이, 하나님의 형상으로 지음받은 우리 역시 관계적 존재로 태어났기 때문이다. 따라서 진정한 주체성 정립은 개별적 혹은 독립된 주체에서가 아니라, 주체들 간 상호작용에서만 가능하다. 이처럼 주체성의 일반적 개념과 구별하여 신앙적인 개념으로까지 변용하여 그 의미를 확대해 나갈 것이다.

마지막 네 번째 축은 그리스도인이 목회자에게 전적으로 의존하지 않고 주체적 신앙을 확립하려면, 신학생처럼 깊이 있는 신학교육이 아니더라도 평신도 스스로가 일상 속에서 하나님 나라를 세우기 위한 기본적인 교리교육과 성서를 어느 정도 해석할 수 있을 정도의 교육이 이루어져야 한다는 전제하에, 그 당위성과 구체적인 방안을 탐색한다. 이를 위한 구체적인 대안으로 평신도를 위한 '신학강좌'와 '기독교 교양강좌'를 제시했는데, 먼저 신학강좌로는 다음 주제로 전개된다. "설교에 목매달지 말자", "성서에서 교리를 찾고, 교리로 성서를 읽다", "교리를 알면 삶이 보인다", "불공평하신 하나님." 이는 평신도들이 알기 쉽게 배울 수 있는 기본적인 차원에서 구성해야 한다는 전제하에 소개해 보았다.

다음으로 '기독교 교양강좌'를 들 수 있는데, 신학강좌만 개설하다 보면 세상을 바라보는 균형 잡힌 시각을 놓쳐버릴 수 있어서, 일

반 은총으로 주어진 세상 것과도 접속시켜 균형 잡힌 시각을 열게
할 '기독교 교양 프로그램'을 고려해 볼 수 있다. 이를 위한 구체적
인 예로 "문학으로 읽는 신앙세계", "영화로 보고 듣는 신앙세계",
"음악으로 듣는 신앙세계", "미술로 보는 신앙세계"를 제시했다.

이제 그리스도인은 목사의 설교에 목매달거나 의존하는 신앙의
수동성에서 탈피해 스스로 주체의식을 갖고서 능동적으로 자신의
신앙세계를 펼쳐가야 할 것이다. 자신의 신앙적 생각과 행위를 목
회자에게 의존하는 습성에서 벗어나 스스로 판단하고 결정할 수
있어야 한다. 목회자에 길들여지는 습성에서 하루속히 벗어나야
한다. 목회자 역시 시대의 변화를 깨달아 앞에서 일방적으로 이끄
는 봉건적인 리더십에서 뒤에서 밀어주는 '섬김'의 리더십으로 거
듭나야 한다. 뿐만 아니라 성도들의 맹종을 요구할 것이 아니라, 성
도 스스로 자신의 신앙을 주체적으로 꾸밀 수 있는 성숙하고 품격
있는 성도를 길러내야 한다. 이렇게 목회자와 성도, 양자 간에 형성
되는 신앙적 의식의 변화만이 오늘날 세상 사람들로부터 기피 내
지 혐오의 대상으로 전락한 암울한 현실에서 벗어나 새롭게 비상
(飛上)할 수 있는 계기가 마련될 수 있을 것이다.

II

그리스도인,
왜 홀로서기인가?

✦ ✦

　왜 그리스도인 홀로서기인지, 그 이유를 그리스도인이면 누구나 일상에서 체험할 수 있는 네 가지 사례를 중심으로 살펴보려 한다. 하나는 본인이 목회할 당시 연세가 있으신 한 여성도 간에 겪은 일이고, 하나는 나의 어머님이 겪은 '십일조'에 대한 잘못된 신앙 체험이다. 또 하나는 국내 목회자의 특정 정치적 이념 내지 이데올로기에 포섭되어 평신도의 주체적 판단을 흐리게 하는 정치적 사례이며, 마지막 하나는 성서에 대한 바른 이해와 적용을 목회자에게 전적으로 의존하지 않고 평신도 스스로의 능력으로도 행할 수 있을 정도의 기본 소양을 갖추어야 한다는 중요성에 관한 사례이다. 이렇게 네 가지 사례 중 두 가지는 나 개인의 체험에 기반한 것이고, 나머지 두 가지 사례는 평신도 스스로의 능력으로 가능하게 하는 성서 이해와 정치적 판단에 관한 것이다. 학문적 접근이 아니라 이런 네 가지 '사례'를 통해 그리스도인 홀로서기의 필요성을 제기한 것은 일상에서 경험하는 그리스도인 모두에게 해당될 수 있기 때문이다.

사례 1. 복을 빌어주는 목회자를 찾아 교회를 떠나다

과거 한때 저자가 신학대학원에서 학생들을 가르치는 교수 역할을 하면서 동시에 목회할 때 일이다(물론 지금은 목회 사역을 하지 않고 학생들을 가르치는 일에만 전념하고 있다.). 어느 주일, 저자가 섬기는 교회 권사님의 동생 되시는 분이 부인과 함께 예배드리러 오셨다. 그 동생 되시는 분은 우리나라 초창기 축구 국가 대표로 활동하실 정도로 한때 이름을 날린 분이었다. 그분들은 다른 교회에 출석하고 계셨지만, 그날 이후로 우리 교회에 등록하고 정식 성도가 되었다. 그 이후 그분들은 거의 매 주일 빠지지 않고 교회에 출석하였고, 각종 교회 행사에도 적극적으로 참여할 정도로 열심을 내었다. 특히 아내 되시는 분은 교회 분위기 메이커로 불릴 정도로 쾌활하고 매사에 적극적인 분이었다.

그러던 어느 주일 예배 후, 그 여성도 분이 남편과 함께 나에게 찾아와 지난주 새 자동차를 구입했는데, 그 자동차에 손을 얹고서 드리는 안수기도를 부탁했다. 그때 나는 자동차에 손을 얹고 안수기도를 할 수 없다고 정중히 거절하고, 그 대신 교회 내에서 성도들과 함께 감사기도를 드렸다. "사랑의 주님, 이 귀한 새 자동차를 구입할 수 있도록 이 두 분 성도님에게 은혜를 베풀어 주심에 감사를 드립니다. 우리가 이 땅에 살면서 누리는 모든 물질이 하늘로부터 온 것임을 기억하면서 늘 하나님께 감사할 수 있는 마음을 허락하여 주시고, 이 물질을 나만 누리는 것이 아니라 이웃과 함께 누릴 수 있는 넉넉한 영혼 또한 허락하여 주실 것과, 이 자동차로 오고가는 발걸음 또한 지켜 주실 것을 소망한다."는 내용으로 안수기도를 대신했다. 그런데 기도 마친 후 그 여성도 분이 내 곁에 다가와 감사하다고 가벼운 인사를 전했지만 이내 못마땅한 표정으로 바뀌더니, "전에 다니던 교회 목사님은 성도 중에 자동차에 손을 얹는 안수기도를 부탁하면 즉시 들어주셨다"고 하면서 불편한 심경을 내비치셨다. "그런데 당신은 왜 그렇게 하지 않느냐"는 불만 섞인 표정이 역력했다.

그 말을 듣는 순간, 나는 적잖이 충격을 받았다. 아니 사람도 아닌 자동차에다 손을 얹고 안수기도를 하는 목회자가 있단 말인가? 물론 나는 목회하는 동안 자동차는 물론이거니와 성도들에게조차 안수기도를 드린 적이 없다. 안수기도 문제는 오늘날 신학적으로 재정립해볼 필요가 있기 때문이다.

그 이후, 그 여성도 분은 예배 참석 횟수가 줄어들더니 표정조차 시무룩해지면서 소극적인 태도로 일관하셨다. 그러던 어느 주일, 나는 설교 중 종교개혁자인 마르틴 루터의 "만인제사장직"을 소개하면서 "장성한 믿음에 이르는 길"을 다양한 측면에서 찾을 수 있겠지만, 그중에서도 설교에 목매달거나 목회자에게 전적으로 의존하지 않고 성도 스스로의 힘으로 신앙의 길을 꿋꿋이 걸어갈 수 있는 '주체적 신앙'을 키워야 한다는 점에 주안점을 두고 말씀을 전했다. 그렇게 말씀을 전하는 중 그분의 시선과 마주쳤을 때, 갑자기 그분의 인상이 굳어지더니 무언가 중대한 결심을 한 것처럼 심각한 표정을 짓는 모습이 내 시선에 포착되었다. 아니나 다를까, 예배 마친 후 나에게 다가오더니, "목사님, 저는 목사님이 설교하신 대로 살고 싶지 않아요. 저는 목사님에게 전적으로 의지하고 목사님이 시키는 대로 순종하면서 살아갈래요. 주의 종(?)인 목사님을 잘 섬기고 대접해서 그분이 빌어주는 복을 누리며 살고 싶어요. 그런데 목사님은 늘 자기 십자가를 지고 하나님 사랑과 이웃 사랑을 실천하라고만 전하시고, 복도 주로 영적인 복만 전하시지 건강의 복이라든지 물질적인 복에는 관심이 없는 것 같아요. 목사님이 전하는 복이 저하고는 맞지 않는 것 같아요. 그래서 저는 목사님 설교에 은혜가 되지 않아 다음 주부터는 이 교회에 출석하지 않고 이전에 다니던 교회로 다시 돌아갈 거예요. 물론 제 남편은 저와 다르게 목사님 설교에 은혜받고 만족해하니까 계속 다닐 거예요. 저만 떠날 거예요."라고 하면서 교회를 떠났다. 그날 이후 그분을 뵙지 못했다.

이 사례에서 볼 수 있듯, 이 여성도 분은 목회자에게 전적으로 의존해 살아가기를 원했다. 하나님의 말씀을 대언하고 복을 빌어주는 목회자에게 전적으로 의지하여 살면 하늘로부터 복이 내려와 이 땅에 사는 동안 모든 질병이 사라져 건강하게 살 수 있고, 가난이 물러가고, 만사가 형통하는 삶을 누릴 수 있다고 믿고 있기 때문이다. 그래서 그분에게 '그리스도인 홀로서기' 내지 '주체적 신앙'에는 일말의 관심조차 없는 것처럼 보였다.

사실 이런 사례는 이 성도에게만 나타나는 부분적 현상이 아니라, 상당수 성도들에게 나타나는 일반적 현상으로 사료된다. 나는 이런 일을 겪은 후, 성도들의 신앙적 의식을 일깨워 품격 있고 성숙한 그리스도인, 즉 주체적 신앙인으로 거듭나게 하는 데 있어 상당한 난관이 있음을 깨닫게 되었고, "단기간 내에 해결될 문제가 아니구나."라는 생각에 사로잡히게 되었다. 이 사례에서 알 수 있듯, 오늘날 적지 않은 그리스도인들은 각자에게 주어진 신앙의 길을 스스로의 힘으로 걸어가려는 것이 아니라, 소위 권위 있고 능력 많은 주의 종인 목회자에게 의존해 안식처로 삼으려는 지극히 피동적인 신앙의 태도를 취한다.

왜 이렇게 다수의 그리스도인이 목회자의 품에 안겨 그곳에 안주하려는 종속적 신앙의 형태에서 벗어나지 못하는 것일까? 그런 현상이 나타나는 원인에 대해 다양한 측면에서 찾을 수 있겠지만, 무엇보다 목회자의 '영적 그루밍'(spiritual grooming) 내지 '영적 길들이기'에서 찾을 수 있지 않을까 조심스럽게 진단해 본다. '그루밍'이란 단어는 최근에 와서 주로 성범죄와 관련하여 부정적 의미로 사용되는데, 대표적인 예로 몇 년 전 인천 모교회에서 발생한 목회자와 여신도 간 그루밍 성범죄를 들 수 있다. 그루밍 성범죄는 평소 가해자와 피해자 사이에 쌓은 돈독한 신뢰를 바탕으로 친밀한 관계를 맺은 후 성폭력을 가하는 것을 말한다.

사실 그루밍에 담긴 본래 뜻은 마부(groom)가 말을 보살피는 과정에서 빗질과 목욕을 시켜 깔끔하게 꾸며주는 행동으로써 긍정적인 뜻을 갖고 있다. 하지만 어느 순간 그런 선의의 뜻이 사라지고 보다 악의적인 뜻으로 변질되었다. 처음에는 선한 얼굴로 상대방에게 다가가 따뜻한 배려와 돌봄으로 대해 자신을 전적으로 의지하고 신뢰하게 한 후, 곧바로 자신의 욕구를 채우는 대상으로 삼는다. 물론 '영적 그루밍'을 좋은 뜻으로도 이해할 수 있다. 가령 길이요 진리요 생명이신 예수 그리스도에게 인도되어 오직 그분께 그루밍된다면 더할 나위 없이 좋을 것이다. 그런데 문제는 목회자가 자신을 '성직자'라 칭하면서 목양권, 당회장권, 설교권, 축도권, 안수권, 세례권, 치리권 등을 포함해 교회 전반을 다스리는 교권을 갖고서 막강한 권한을 행사하는 데 있다. 이런 권한들은 교회 내에서 성직자와 평신도 간의 영적 경계를 명확히 하는 기제로서 남용되어, 결국 종교개혁의 주요 산물인 '만인제사장직'을 무색하게 만들어버리는 결과를 초래한다. 국내 각 교단에서 허울만 만인제사장직을 받아들일 뿐이지 실제로는 로마 가톨릭보다 더 영적 계급화가 이루어져 있다고 한다면 지나친 표현일까. 로마 가톨릭에서는 교황을 머리로 삼고 추기경, 사제, 평신도 등으로 구성된 '영적 계서제(階序制)'의 명맥이 지금도 이어져오고 있다.

이런 지적에 적지 않은 분들, 특히 목회자들이 동의하지 않고 이의를 제기할 가능성이 크다고 생각되지만, 오늘의 한국 교회 현실을 객관적인 시각으로 냉철하게 분석해보면 부인할 수 없는 사실에 가까울 것이다. 그 이유에 대해서는 이어지는 '사례'에서 보다 자세히 드러날 것이다.

사례 2. '십일조'로 인해 시험 든 어머니

나 개인의 가족 문제를 사례로 삼는 것이 썩 내키지 않지만 생생한 기억이자 그리스도인이라면 누구나 경험해 볼 수 있다는 점에서, 그리고 그리스도인의 주체적 신앙 확립의 필요성을 이해하는 데 큰 도움으로 작용할 것으로 사료되어 제시한다. 이 사례를 통해서 앞서 제기한 '영적 그루밍'의 실체가 보다 명확히 드러날 것이다.

사실 지나온 과거를 되짚어보면, 나를 포함해 나의 가족 전체가 오랫동안 목회자의 '영적 길들이기'에 사로잡혀 잘못된 신앙관에 빠져 있었다 해도 과언이 아니다. 나의 부와 모는 교회 장로와 권사로서 일평생 교회를 위해 헌신하신 분들이다. 특히 아버지는 목회자 못지않게 교회 모임에 거의 빠짐없이 참석하고, 교회 일이라면 만사를 제쳐두고 우선적으로 헌신하신 분이다. 심지어 상당한 기간 동안 진행된 교회 건축에서 감독을 맡아서 완공될 때까지 하루도 빠짐없이 무보수로 출퇴근하였을 정도다. 이렇게 교회를 위해 전적으로 헌신하는 것이 하나님 나라를 위한 일이고 믿음의 증표로 여겼기 때문이다. 무엇보다 하늘로부터 풍성한 복을 받는 길이라 여겼기 때문이다.

아버지는 매일 아침 식사 전 가정예배를 인도하였는데, 설교에 이어 드려진 기도는 최소 30분 이상 진행되었다. 자식들이 5남 3녀이다 보니 자식뿐만 아니라 사위, 며느리, 손자, 손녀의 이름을 빠짐없이 거명해서 기도하다 보면 30분을 훌쩍 넘기는 것은 늘상 있는 일이었다. 그런데 기도 내용을 분석해 보면, 대부분 기복적 내용으로 구성되어 있다. 그 기도를 한마디로 요약하자면, '만사형통'하게 해달라는 것이다. 가령 대학 중간고사나 기말고사를 목전에 두고 있는 나를 위한 주요 기도내용은 "솔로몬 왕에게 주셨던 지혜를 부어주셔서 머리가 될지언정 꼬리가 되지 않도록 우수한 성적을 거두게 해 달라"는 것이다. 그래서 졸업 후 사회에 나가 남들로부터 부러움의 대상이 되고 월급을 많이 받는 좋은 직장에 취직해 달라는 취지의 기도다. 사실 부모라면 누구나 자식들이 사회에서 인정받고 경제적으로도 부족함 없이 넉넉한 삶을 꾸려갈 수 있는 좋은 직장을 원한다는 것은 자명한 사실이며, 이런 부모의 소망을 이기적이거나 비뚤어진 자식관이라 나무랄 사람은 아무도 없을 것이다.

그러나 이런 만사형통을 지향하는 기도가 자칫 인간의 탐욕에 바탕을 둔 이기적인 측면을 드러낸다면, 문제의 소지가 될 가능성이 클 것이다. 예수는 우리에게 "염려하여 이르기를 무엇을 먹을까 무엇을 마실까 무엇을 입을까 하지 말라 이는 다 이방인들이 구하는 것이라"(마 6:31)고 하시면서 "먼저 그의 나라와 그의 의를 구하라"(마 6:33)고 권면하신다. 때문에 우리 기도의 주된 내용은 먹을 것과 입을 것이 아니라, 의로 가득 찬 하나님 나라를 이 땅에 건설하는 데 맞추어져 있어야 한다. 하지만 안타깝게도 가정예배에서 드려진 기도는 대부분 하나님 사랑과 이웃 사랑의 실천을 통한 하나님 나라의 건설보다 자식들의 성공과 출세를 지향하는 내용으로 채워져 있었다. 여기서 이런 사례를 소개한 이유는 단순히 아버지의 잘못된 신앙관을 드러내려는 데 있는 것이 아니라, 목회자로부터 잘못 길들여진 '영적 그루밍'의 사례를 드러내고자 하는 데 있다. 이렇게 나와 아버지는 목회자가 전하는 웰빙적 축복관에 길들여져 있었다.

그런데 나의 가족사에 있어 영적 그루밍의 절정은 어머니 사례에서 찾을 수 있다. 권사의 직분이 있는 어머니는 아버지 못지않게 교회 일이라면 만사를 제쳐둘 정도로 우선적으로 헌신하신 분이었다. 그 당시 전국에서도 손꼽힐 정도로 상당한 규모의 대구 서문시장에서 옷가게를 하셨는데, 집에서 공장을 운영하면서 옷을 직접 생산하기까지 했다. 대구 서문시장뿐만 아니라 경북 주요 시장에 유통망을 갖고 있을 정도로 사업이 번창하여, 내 어린 시절은 물질적 풍요로움 속에서 유복한 삶을 영위해 갈 수 있었다. 어머니는 가게 문을 닫고 집으로 돌아와 매일 빠짐없이 하시는 일 중 하나는 하루 수입의 십의 일조를 정확하게 계산해서 금고 – 사실 돈을 보관하기 위해 허술하게 나무로 만들어진 돈통에 불과하다 – 에 보관하는 것이다. 그렇게 금고에 매일의 십일조를 모아두었다가 매 주일 예배 시에 십일조로 바치셨다. 그러면서 늘상 하시는 말씀은 주일성수를 철저히 지키기 위해 주일 날 문을 닫지만, 문을 열고 장사한 다른 가게보다 계산해 보면 한 달 수입이 훨씬 많다고 자부하시면서 하나님은 결코 손해 보지 않게 하시고 주일성수에 대한 응분의 보답을 반드시 해주시는 분으로 믿고 감사해했다.

이뿐만 아니라 어머니는 주의 종인 목회자를 잘 섬기면 하늘의 복을 넘치게 받는 줄 믿고서 명절 때가 되면 최고급 (한우)갈비와

과일을 선물할 정도로 열심을 내셨다. 부흥회 때나 특별 헌신 예배 때 외부에서 초청받아 오신 목회자가 설교할 때, 단골 메뉴로 등장하는 말씀 중 하나는 "주의 종인 여러분의 담임 목사님을 잘 섬기세요. 그렇게 잘 섬기면 복을 받아 이 땅에서 형통한 삶을 누릴 수 있다"고 전하면서, 그렇게 해서 복을 받은 성도들의 다양한 실례를 들면서 실재감을 더 높인다. 이와 반대로 주의 종인 담임 목사님을 잘 섬기지 못하거나 심지어 비판을 일삼는 성도들의 예도 들면서, 그들이 받은 벌을 소개하며 경고의 메시지를 전하기도 한다. 아버지와 어머니는 목사의 이런 설교에 영적으로 길들어져 담임목사를 최선을 다해 대접하며 잘 섬기셨다.

그러던 어느 날 밤, 서문시장에 큰 불이 났다는 청천벽력 같은 소식이 들려왔다. 혹시 우리 옷가게도 불에 탄 것은 아닌지 염려하는 마음으로 어머니를 포함해 모든 식구들이 달려갔지만, 그 염려가 현실이 되어 모든 것이 다 타버려 재만 남아 있었다. 그 이후 서문시장에서 사업을 접어야 할 정도로 망해 가게 문을 닫게 되었다. 이 일로 인해 우리 가정에 큰 시련이 닥쳐오기 시작했다. 하지만 아버지와 어머니는 그런 시련 속에서도 신앙의 중심을 잃지 않고 매일 새벽예배에 참석하여 기도에 매진함으로써 그 고통에서 빠져나오려 발버둥 치셨다. 헤어나지 못할 정도의 엄청난 실의와 절망감에 빠져 있었지만, 어느 누구도 원망하지 않고 오직 신앙의 힘으로 버텨 나갔다.

하지만 그렇게 힘든 시기를 잘 극복해 어느 정도 안정을 되찾는가 했지만, 이내 어머니에게 뜻하지 않는 또 다른 시련이 찾아왔다.

어느 주일 설교 말씀에서 "3년 동안 십일조를 정확하게 바쳤는데, 아직도 자기 집이 없다면 자신을 돌아보아 회개의 기회로 삼으라." 는 목사의 경고성 지적에 어머니는 큰 충격에 휩싸여 또다시 고통의 나락으로 떨어지고 말았다. 3년이 아니라 훨씬 이전부터 십일조뿐만 아니라 감사 헌물을 아낌없이 바치신 분이라, 그런 설교에 시험 들지 않을 수가 없었을 것이다. 나 역시 이런 일을 겪은 후, 신앙적 회의에 빠져 오랜 시간 동안 방황하며 신앙의 길에서 벗어난 아픈 경험이 있다. 힘든 시기를 보내면서 신앙의 힘으로 어렵게 시련을 잘 극복하여 안정을 되찾으려 했지만, 새로운 시련이 찾아온 것이다. 이 일이 있은 후, 어머니는 몇 달 동안 시험에 빠져 헤어나지 못하고 우울한 시기를 보냈는데, 극복하기까지 꽤 오랜 시간이 걸렸다.

이런 사례를 통해 우리가 깨달을 수 있는 것은 목회자의 말에 잘못 길들여져 형성된 '영적 그루밍'은 성도의 일상적 삶을 뿌리채 흔들 수 있는 위험성이 크다는 점이다. 본문 말씀에 대한 정확한 이해와 해석의 바탕 위에서 선포가 이루어져야 하는데, 실상 그렇지 못하여 말씀에 대한 목회자의 자의적인 해석으로 잘못 적용되어 전해지는 경우가 빈번하게 일어난다. 이렇듯 성서 본문에 대한 목회자의 잘못된 해석과 적용은 평신도들의 전체 삶을 좌지우지할 정도로 엄청난 파급력을 초래하며, 심지어 영적으로 길들여져 형성된 잘못된 신앙적 가치관에 빠지게 하여 원치 않는 삶을 초래하기까지 한다.

사례 3. 목회자의 정치적 이념에 길들여진 그리스도인들

목회자에 의한 '영적 그루밍'의 현상은 영적 영역뿐만 아니라, 세상의 정치영역에서도 나타난다. 즉 교회를 담임하는 목회자의 특정 정치적 이념이나 신념에 경도되어 평신도의 정치적 의식에도 막강한 영향력을 발휘한다는 말이다. 이런 현상은 2017년 박근혜 정부 국정농단 사건을 계기로 활성화되기 시작하더니, 그 기세가 꺾일 줄 모르고 더욱 타올라 이제는 걷잡을 수 없을 지경에까지 이르렀다. 특히 2022년 3월에 치러진 대선에서 국내 교회 목회자에 의해 행사된 정치적 영향력은 유례를 찾아볼 수 없을 정도로 압권이었다. 좌와 우로 나누어진 극단적 대립 현상에 목회자를 중심으로 평신도들 역시 가담하여 선봉에서 주도적인 역할을 했다 해도 과언이 아닐 것이다. 물론 대부분의 신자들은 자신의 정치적 신념에 따라 선거에 한 표를 행사했겠지만, 문제는 적지 않은 신자들이 목회자들의 특정 정치적 이데올로기에 포섭된 채, 투표를 행사했다는 점에 있다.

간혹 신대원 학생들이나 평신도들과 의도하지 않게 정치적 대화를 나눌 때가 있다. 이들과 정치 이념적 대화는 가급적이면 피하려 하지만, 가끔 불쑥 질문을 먼저 던진다. 얼마 전 일어난 일이다. 갑자기 전광훈 목사를 어떻게 생각하느냐는 질문에 부정적으로 대답을 한 게 원인이 되어 격론이 벌어지게 되었고, 여기서 한 걸음 더 나아가 문재인 정권은 사회주의 색채를 띤 좌파 빨갱이로 규정하는 문제로까지 비화되었다. 그런데 어떤 점에서 좌파 빨갱이인지 구체적인 근거를 제시해보라 요구하자 구체적인 근거를 제시하지 않은 채, 반미, 반일 정서가 강하고 친북, 친중국 성향이 뚜렷하다는 점과, 무엇보다 대부분의 교회 목회자들이 그렇게 규정하기 때문으로 그 이유를 제시했다. 이 사례에서 알 수 있듯, 목회자의 특정 정치적 이념이 같은 교회 동역교역자들이나 평신도들의 정치적 의식에도 영향을 미치는 대표적인 그루밍 사례에 해당될 것이다.

여기서 문제는 이런 현상이 내 주변에 있는 사람들뿐만 아니라, 다수 신자들에게도 해당된다는 점에 있다. 특히 광화문이나 서울역 주변에서 개최되는, 소위 "태극기 집회"에서 이런 경우의 예를 쉽게 찾을 수 있다. 이 집회는 주로 전광훈 목사를 중심으로 해서 몇몇 목회자들에 의해 주도되고, 대부분의 참여자는 그분들이 목회하는 교회 성도들이거나 전국 각처에서 모여든 신자들로 구성되어 있다. 과거 여느 때보다 최근 들어 더욱 활성화되고 있는 이런 현상을 '전광훈 현상'이라 표현해도 과언이 아닐 것이다. 이에 대해 연세대 김장생 박사가 다음과 같이 잘 묘사해 준다.

전광훈은 2017년 대통령 탄핵과 정권교체에 이은 정치, 사회적 혼돈기에서 가장 활발하면서도 공격적인 활동을 펼친 기독교 정치행동주의 인물이다. 그는 2017년부터 2020년 8월 광화문 집회에 이르기까지 수감 기간을 빼고는 매주 대규모 대중 종교-정치 집회를 개최해 왔는데, 그가 개최한 집회에서는 빠지지 않고 수구적인 정치 담론이 생산, 유통되어 왔다. 2003년 '나라와 민족을 위한 평화 기도회' 이후 보수 개신교계는 전면적이며 직접적인 정치참여를 시도하였으나 종교계와 정치계를 아우르며 '전광훈 현상'이라 부를 만큼의 동원력과 조직력, 그리고 지속성과 공격성을 띠는 경우는 찾아보기 힘들었다. 전광훈과 그의 지지자들은 기독교계를 넘어 사회, 정치 이슈를 만들어 내고 그 이슈에 전위적으로 참여하였으며 또한 이전과는 비교할 수 없을 정도로 공격적이며 고도화되었으면서도 보수 종교계뿐만이 아니라 정치권에까지 영향력을 미치고 있는데, 이는 최근 3년간 전광훈에 대한 방송 및 일간지 기사가 8만 건에 다다른다는 사실에서도 확인할 수 있다.[1]

이런 집회에 직접 참여하는 핵심 지지층과는 구별되지만 이 집회에서 생산된 정치적 구호나 메시지에 적극 동조하는 일반 지지자들 또한 전국 각처에 걸쳐 상당수에 이른다. 물론 이런 집회는 진보성향을 띤 국내 대부분의 교계에서 상당한 반감을 받기도 하지만, 반면 적지 않은 보수 교계에서는 대형 교회 목회자를 중심으로 적극적인 지지를 받는다. 특히 전광훈 목사는 "…2018년 25대 한국기독교총연합회 회장으로 당선됨으로써 보수 개신교 정치 행동의 중심인물이 되었다."[2] 이 집회에서 전달된 주된 메시지를 간략하게 정리해보면, 반북, 친미, 친일, 동성애 혐오 및 이슬람에 대한 배타주의 등이다.[3] 나아가 국내 진보성향을 띤 정당을 주사파 출신 정치인들로 구성된 좌파 공산주의자들이라 맹공을 퍼붓는다. 물론 그들의 비판은 검증되지 않은 가짜뉴스에 가깝다.

---

1   김장생, "전광훈의 개신교 지지자들," 「문화와 사회」 제28권 3호 (2020), 140-141.

2   위의 책, 143-144.

3   이에 대해 자세히 알려면 다음의 글을 참조하라. 위의 책, 145-151.

뿐만 아니라 뉴라이트 운동에 앞장서고 있는 김○홍 원로목사는 설교 시간을 빌어 과거 노무현 정권이나 문재인 정권에서 북한과 고려연방제를 꿈꾸는 운동권 출신들이 청와대를 점령해 나라를 북한 정권에 넘겨주려 했다는 허무맹랑한 주장을 서슴지 않는다. 사정이 이렇다 보니 국내 대표적 언론사인 "한겨레"에서 가짜뉴스 진원지로 극우 성향의 개신교를 지적한다. 이 신문은 극우와 기독교가 만나는 곳에 '가짜뉴스 공장'이 있다는 전제하에 가짜뉴스를 생산, 유통하는 세력을 두 달간 추적한 끝에 그 결과물을 4회에 걸쳐 연재하였을 정도다.[4]

참으로 부끄러운 일이다. 정직해야 할 교회가 가짜뉴스를 퍼뜨리는 일에 앞장서서 진원지 역할을 한다니 참으로 개탄할 일이다. 덴마크의 실존주의 철학자인 쇠렌 키에르케고어(Soren Kierkegaard, 1813-1855)는 자신의 조국 교회가 점점 세속화되어 세상 사람들로부터 조롱과 웃음거리로 전락하는 현실을 개탄하면서 거대담론적인 대안이 아니라, 단순하며 소박한 미시담론적 소망을 제시한다. 그것은 일상적 삶에서 드러나는 '정직'과 '진실'이다.[5]

다수의 사상가들이 오늘날을 "탈진실"(post-truth)의 시대로 특징짓는다. 이 새로운 용어는 단순히 사실에 입각한 진실에서 벗어났다는 데에 머무는 것이 아니라, 자신의 특정 신념에 따라 진실을

4　참고. 김완, "가짜뉴스의 뿌리를 찾아서," 「한겨레」, 2022년 12월 15일 접속, https://www.hani.co.kr/arti/society/society_general/864057.html.

5　참고. 장호광, "키에르케고어의 기독교 비판, 그 현재적 의의 및 적용," 「조직신학연구」 41(2022), 147-153.

편향적으로 조작하는 것까지를 함의한다. 무엇보다 정치적 영역에 해당된다. 자신이 지지하는 특정 정당의 정치 이데올로기적 신념이 사실과 진실을 가려버린다. 조금만 주의를 기울여 검증해보면, 금방 드러날 사실도 이런 신념 앞에 맥을 못추고 힘을 잃어버리고 만다. 신념이 진실을 덮어버린다는 말이다. 이런 현상으로 인해 정보 공작, 인지 부조화, 인지 편향, 확증편향, 의도된 합리화, 편향된 균형, 정보의 양극화와 파편화 등의 신조어가 생겨날 정도다.[6] 이런 신조어들은 합리성과 논리성에 기반한 이성적 의식보다 감정을 더 중요시하는 경향이 강하다. 그 때문에 가짜뉴스가 활개를 치며 진실을 호도하고 있다. 이런 가짜뉴스로 인해 나라의 질서를 어지럽힐 정도로 위력이 대단한데도 말이다. 가령 최근 다수의 젊은 청년들의 목숨을 앗아간 '이태원 참사'를 북한 간첩들이 침투하여 일으킨 사건이라든지, 죽어간 대부분의 사람이 마약에 취해 있었다는 터무니없는 가짜뉴스를 극우 유튜브를 중심으로 전파되는 예를 들 수 있다.

이렇게 사실과 진실이 호도되고 있는 안타까운 현실에 교회가 앞장서서 사회 정의와 공의를 기반으로 진실의 파수꾼으로서 선지자적 목소리를 발해야 함에도 불구하고, 그러기는커녕 가짜뉴스를 생산하는 진원지로 변질되는 현실을 목도하게 된다. 국내 선교 초기 영적 영역뿐만 아니라 세상 영역에서도 빛과 소금의 역할을 잘

---

6 국내 메인 언론들이 이런 현상을 주도해가는 것은 아닌지 객관적인 시각으로 분석해봐야 할 것이다. 이에 대해 보다 자세히 알려면 다음의 책을 참고하라. 리 매킨타이어 지음/김재경 역, 『Post-Truth(포스트트루스)』(서울: 도서출판 두리반, 2022).

감당함으로써 사회 변혁의 주체 세력으로 자리매김했던 과거의 위상이 이제는 세상 사람들로부터 '교회 포비아'로 불릴 정도로 혐오 대상으로 추락하는 현실을 맞이하고 있다.

사례 4. 바른 성서 이해가 주체적 신앙으로 이끈다

그리스도인 홀로서기, 즉 그리스도인의 주체적 신앙 정립이 왜 필요한지는 무엇보다 바른 성서 이해에서 찾을 수 있다. 바른 성서 이해가 신자들의 바른 삶을 이끌어 주기 때문이다. 앞서 언급한 영적 그루밍으로 인해 생겨난 부작용의 원인으로 다양한 측면에서 분석해 볼 수 있겠지만, 그중에서도 성서에 대한 잘못된 이해, 해석 및 적용에서 찾을 수 있다. 성서의 속성으로 단순성과 명료성을 들수 있겠지만, 석의와 주석 작업을 토대로 해서 이루어지는 성서의 이해와 해석은 결코 단순하거나 명료하지 않아 자칫 잘못된 적용으로 이끌 소지가 다분하다.

가령 "내게 능력 주시는 자 안에서 내가 모든 것을 할 수 있느니라."(빌 4:13)의 말씀은 주로 기도 시간에 자주 인용되거나 많은 가정에 가정 성구로 애용되어 벽에 걸려 있기도 하다. 그런데 문제는 이 말씀이 "믿고 구하면 능치 못할 일이 없다"는 생각과 더불어 자신이 바라는 소원 성취로 해석되어 잘못 적용된다는 데 있다. 이 말씀이 바르게 해석되려면, 이 말씀을 중심으로 전후 문맥을 살펴보고 저자가 어떤 의도로 기록했는지를 먼저 면밀히 살펴봐야 한다. 물론 보다 구체적인 이해를 위해서 신약성서의 원어인 헬라어를 바탕으로 석의와 주석 작업이 이루어져야 하겠지만, 평신도들에게는 무리한 요구다. 하지만 성서의 저자가 의도한 것에서 터무니없는 엇길로 가지 않기 위해서는 이 말씀을 중심으로 전후 문맥을 살펴보고 저자가 어떤 의도로 기록했는지를 조금만 주의를 기울여 살펴보기만 해도 어느 정도 바른 이해가 가능하다. 즉 이 말씀의 바로 앞 구절인 11절과 12절, "내가 궁핍하므로 말하는 것이 아니니라 어떠한 형편에든지 나는 자족하기를 배웠노니 나는 비천에 처할 줄도 알고 풍부에 처할 줄도 알아 모든 일 곧 배부름과 배고픔과 풍부와 궁핍에도 처할 줄 아는 일체의 비결을 배웠노라."의 말씀과 관련시켜 보면, "자족하는 삶"에 맞추어져 있음을 금방 알수 있다. 다시 말해 내게 능력 주시는 하나님 안에 있으면, 어떠한 상황에서도 자족할 수 있는 삶이 가능해진다는 뜻이다. 나아가 이말씀을 통해 깨닫는 것은 그리스도인이라 해서 항상 풍부하거나 부할 때만 있는 것이 아니라, 배고픔과 궁핍할 때도 있다는 사실이다. 따라서 예수 믿는다고 해서 가난이 물러가고 모든 질병이 사라지고 만사형통하는 꽃길만을 걸을 수만은 없다. 하나님은 우리를 믿음의 장성한 분량에 이르게 하기 위해 고난과 시련의 길을 피하게 하는 것이 아니라, 기꺼이 맞닥뜨리도록 인도하실 때도 있으시다.

성서를 잘못 이해하여 잘못된 삶의 적용으로 이끄는 또 다른 사례는 "수고하고 무거운 짐 진 자들아 다 내게로 오라 내가 너희를 쉬게 하리라."(마 11:28)는 말씀이다. 예수 앞에 나오면 우리의 모든 짐이 벗겨져 형통의 삶의 살 수 있다고 이 말씀을 잘못 이해한다. 과거의 나 역시 이 말씀을 그렇게 이해하여 예수의 십자가 앞에 나아가면 나의 모든 짐이 사라지고 평생 평탄한 삶의 길에 들어서게 되는 줄로 착각한 적이 있었다. 그 당시 목사의 설교에서 이 말씀을 그렇게 해석하고 다양한 사례도 제시해주면서 적용해 주었기 때문이다.

하지만 이 말씀의 전후 문맥, 특히 29절과 30절, "나는 마음이 온유하고 겸손하니 나의 멍에를 메고 내게 배우라 그리하면 너희 마음이 쉼을 얻으리니 이는 내 멍에는 쉽고 내 짐은 가벼움이라."의 말씀과 연결시켜 이해하면, 우리의 짐이 완전히 사라지는 것이 아니라, 온유와 겸손의 멍에를 메고 예수와 함께 길을 걸음으로써 쉽고 가벼워진다는 것이다. 겸손과 온유의 멍에는 예수의 제자로서 지고 가야 할 '자기' 십자가를 뜻한다. 그래서 그리스도인으로서 이 땅에 산다는 것은 넓고 평탄한 길이 아니라, 좁고 협소한 길, 예수님이 그러하셨듯이 고난의 길을 걷는 것을 뜻한다. 우리의 본향은 이 땅이 아니라 하늘에 있기 때문이다. 우리는 이 땅에 타향살이를 하고 있는 셈이다. 때문에 우리의 모든 짐이 사라지고 영원한 안식과 평안을 얻을 수 있는 곳은 오직 하늘나라에 있을 뿐이다.

오늘날 국내 교회를 좀먹게 하는 여러 문제점 중 하나는 복음의 본질이 경건한 성화의 삶을 통해 이 땅에 하나님 나라를 건설하는 데 있는 것이 아니라, 물질적이고 출세 지향적인 복을 구하는 기복(祈福)신앙으로 변질되었다는 데 있다. 한마디로 이 땅에 사는 동안 건강하고 장수하기 위해 잘 먹고 잘 사는 복을 추구한다는 말이다. 물론 인간이라면 누구나 이 땅에 사는 동안 고생하지 않고 편안하고 안락한 삶을 누리기 위해 어느 정도 물질과 건강을 누릴 수 있는 것을 큰 복으로 여기는 것은 당연지사이겠지만, 문제는 복을 오직 자신의 몸을 살찌우게 하는 외적이며 물질적인 것에만 맞추어져 있다는 사실에 있다. 하나님 사랑이 이웃 사랑으로 이어지는 타자를 향한 섬김과 희생의 '사르는' 몸이 아니라, 오직 자신과 가족의 배를 채우는 데만 급급해한다.

사실 우리는 하나님으로부터 이미 복을 넘치게 받은 자들이다. 죄로 인해 죽을 수밖에 없는 죄인이지만 예수의 십자가 공로에 힘입어 구원의 길이 열렸다는 것 자체가 복이며, 종의 신분에서 자녀의 신분으로 전환되었다는 것도 복이며, 예수의 삼직무론인 왕직, 선지자직, 제사장직을 함께 공유할 수 있다는 것도 복이며, 이 외에도 크고 작은 복을 헤아려 본다면 얼마나 많은가. 어쩌면 우리의 일상 자체가 모두 복이다. 아침에 비치는 햇살을 맞으며 기지개를 켜며 일어난다는 것 자체가 복이며, 맑은 공기를 마시며 숨을 쉴 수 있다는 것, 아름다운 음악을 들으며 사랑하는 사람과 대화하며 커피를 마실 수 있다는 것도 복이다. 주일이면 교회에서 드리는 예배에 참석하여 찬송을 부르며, 기도하며, 진리의 말씀을 들으며, 성도들과 교제하며, 밥상공동체를 나누는 것 또한 큰 복이다. 그래서 우리는 복이 넘쳐 복에 겨운 자들이라 해도 과언이 아닐 것이다. 그럼에도 불구하고 우리는 끊임없이 복에 목말라하고 갈급해한다. 예수 잘 믿어 나가도 복, 들어가도 복 받기를 구한다.

그런데 예수님은 참된 복을 이렇게 제시하신다.

심령이 가난한 자는 복이 있나니 천국이 그들의 것임이요 애통하는 자는 복이 있나니 그들이 위로를 받을 것임이요 온유한 자는 복이 있나니 그들이 땅을 기업으로 받을 것임이요 의에 주리고 목마른 자는 복이 있나니 그들이 배부를 것임이요 긍휼히 여기는 자는 복이 있나니 그들이 긍휼히 여김을 받을 것임이요 마음이 청결한 자는 복이 있나니 그들이 하나님을 볼 것임이요 화평하게 하는 자는 복이 있나니 그들이 하나님의 아들이라 일컬음을 받을 것임이요 의를 위하여 박해를 받은 자는 복이 있나니 천국이 그들의 것임이라.(마 5:3-10)

이 말씀에서 알 수 있듯, 예수가 우리에게 가르쳐준 복은 물질적인 것이 아니라 영적인 복이다.

그런데 이 말씀에서 우리가 주의해야 할 것은 예수는 복을 받을 만한 우리 행위에 뒤이어 복이 주어지는 것이 아니라, 우리는 이미 복된 존재임을 선언하신다. 이것은 "너희에게 복이 있을 지어다"의 뜻을 지닌 헬라어 마카리오이(μακάριοι) 단어를 통해 알 수 있다. 이 단어를 중심으로 헬라어 원어에 맞게 재해석하면 이렇다. "심령이 가난한 너희에게 천국의 복이 있을 것이다. 애통하고 온유한 너희에게 위로가 주어질 것이요 땅을 기업으로 받을 것이다." 심령이 가난하고 애통하고 온유한 '행동'이 있음으로 복이 주어져 천국이 임하거나 위로를 받거나 땅을 기업으로 받는 것이 아니라, 이미 우리는 심령이 가난하고 애통하고 온유한 존재라는 것이다.

이 말씀을 통해 깨닫는 것은 우리의 존재가 행위를 통해 형성되는 것이 아니라, 이미 확정되고 결정된 존재가 그 존재성을 행위를 통해 드러낸다는 점이다. 이 얼마나 우리에게 위로가 되는 말씀인가. 만약 심령이 가난해야 하거나, 온유해야 하거나, 의에 주리고 목말라야 하거나, 마음이 청결해야 복이 주어진다면, 우리는 낙심하거나 절망할 수밖에 없을 것이다. 하나님의 자녀가 되기 위해 그것에 걸맞은 자격요건을 갖추어야 한다면, 과연 우리 중 누가 가능하겠는가? 그런 자격요건을 갖추지 않음에도 불구하고 당신의 무조건적인 은혜와 사랑으로 그런 존재로 정해주셨다. 이것이 바로 하나님의 사랑과 은혜에 바탕을 둔 참된 복이다.

　나아가 우리가 이 말씀을 통해 유추해 볼 수 있는 것은 하나님의 복이 우리의 행위에 따라 주어지는 것이 아니라, 복을 이미 받았기 때문에 그 복에 감사하여 자발적으로 그런 행위가 뒤따라오게 된다. 그렇기 때문에 주일성수 철저히 지키고, 십일조를 비롯해 각종 헌물 열심히 드리고, 각종 교회 행사에 적극적으로 참여하면 그기에 맞는 복이 주어지는 것이 아니라, 이미 우리는 하나님의 자녀로서 넘치는 복을 받은 자로서 주일성수 잘 지키고, 나아가 하나님의 정의와 공의에 따라 살아갈 수 있게 된다. 이렇듯 우리는 복이 넘쳐 복에 겨운 자들이다. 따라서 우리는 끊임없이 새로운 복을 탐닉할 것이 아니라, 이런 복을 알지 못하는 자들과 공유하려는 '복의 전달자'가 되는 것에 갈급해하고 목말라해야 할 것이다. 이렇게 성서에 대한 바른 이해가 우리의 바른 삶을 이끌어 이 땅에서 건강하고 복된 삶을 영위해 갈 수 있게 하며, 나아가 주체적 신앙인이 될 수 있게 한다.

III

주체적 신앙의
토대 다지기

　　　　　　2부에서 그리스도인의 주체적 신앙 정립의 필연성 내지 당위성에 대해 다양한 사례를 중심으로 살펴보았다면, 3부에서는 그런 정립의 이론적 토대 다지기로서 "성직제도와 교권주의," "루터의 만인제사장론" 및 "키에르케고어의 단독자 개념"을 살펴보려 한다.

　먼저 목회자와 평신도의 차별적 경계선을 명확히 하는 데 결정적인 역할을 한 '성직주의'(Sacerdotalism)와 '교권주의'(Clericalism)에 대해 살펴볼 것인데, 이것은 초대교회 당시 2세기에서 3세기에 걸쳐 확립되어 종교개혁 운동이 발발하기 이전까지 존속되었던 제도로써 마르틴 루터의 '만인제사장론'을 통해 그 유효성이 약화되거나 다른 형태로 변용되었지만 국내 개신교회에서는 여전히 지속되고 있는 실정이다. 현대판 성직제도와 교권주의로 탈바꿈하여 그 수명이 그대로 이어지고 있다는 말이다. 따라서 이런 현대판 성직주의와 교권주의에 담겨 있는 불편한 진실을 살펴보고 그 실상을 파헤쳐 목사와 평신도의 관계에 대한 바른 이해를 도모할 것이다.

　다음으로 그리스도인의 주체적 신앙 정립을 위해 신학과 철학에 기대어 상호 학문적(interdisciplinary) 접근의 방법을 통해 전개해 보려 한다. 이를 위해 먼저, 신학적 토대로써 종교개혁의 발로이자 초석인 '만인제사장직'을 등장시켜 왜 이것이 성도 각자의 주체적 신앙 다지기의 밑거름으로 작용하는지 그 진상을 낱낱이 모색해 볼 것이며, 나아가 루터의 만인제사장직을 강하게 비판한 프란시스코(Francisco) 수도원의 사제인 니콜라우스 헤르보른(Nicolaus Herborn, 1480-1535)을 등장시켜 그 반대 목소리 또한 들어보려 한다. 여기서 헤르보른을 소환한 이유는 만인제사장직을 각 교단에서 받아들여 채택하고 있지만, 오늘날 국내 교회 목회자의 제왕적 모습이 여전히 존속한다는 점을 부각시켜 경종을 울리려는 데 있다. 겉으로는 만인제사장직을 수용한다는 입장이지만, 실상 헤르보른의 신학적 입장과 냉철한 시각으로 비교 · 분석해보면 별반 차이가 없기 때문이다.

　다음으로 철학적 토대로써 실존철학의 선구자이자 서구의 '변증법적 신학(dialectical theology)'에 심대한 영향을 끼친 쇠렌 키에르케고어를 등장시켜 그의 주체성(단독자)의 개념을 비롯해 발생 배경, 의의 및 효과(영향) 등을 추적해 볼 것이다. 그의 주체성 사상은 오늘날 국내 교회 성도들이 목사의 권위와 주체성에 경도되어 성도 각자의 개별성 내지 주체성의 중요성이 간과되는 현실에서 그 의의를 새롭게 정립하는 밑거름으로 작용할 것이다.

1. 성직주의와 교권주의

여기서 "성직주의"란 오직 성직자를 통해서만 하나님께 나아갈 수 있다는 입장을 취한다는 뜻이며, "교권주의"는 안수를 받은 성직자들이 교회를 다스려야 한다는 것을 뜻하는 초대 교회 당시 로마 가톨릭의 입장이다. 하지만 오늘날 성직자(聖職者)란 종교적인 직분을 맡은 목사, 신부, 스님 등을 일컫는 전문용어로써 종교 전반에 통용되는 일반적인 개념으로 사용된다. 그런데 문제는 성직자가 단순히 종교적인 업무를 수행하는 전문 사역자로서 평신도와 역할과 기능, 즉 직무에서만 구분되는 것이 아니라, 막강한 교권을 갖고서 신자 위에서 군림하려는 경향을 가지고 있다는 점에 있다. 로마 가톨릭 교회는 마르틴 루터의 '만인제사장직'을 거부하여 지금까지도 사제직을 고수하는 입장이어서 신자와 차별화를 보이는, 소위 '영적 계서제'가 계속해서 이어지고 있다. 따라서 교회 내에서 사제로서 신부와 평신도 사이에는 대등한 관계가 아니라, 차별화되는 전형적인 피라미드식 구조로 편승되어 있다.

그런데 개신교회는 형식적으로는 만인제사장직의 토대에서 목회자와 평신도 간에 차별화가 없는 대등한 관계의 입장을 취하고 있다고 하지만, 냉철한 눈으로 분석해보면 목회자가 신자 위에서 온갖 특권을 누리고 있다. 목사는 평신도와 직무에서만 차이가 날 뿐이라고 하지만, 실제로는 설교권, 축도권, 교도권, 성례집행권, 치리권 등을 포함해 당회장으로서 교회 전반적인 행정권까지 거머쥐고 있는 교권주의의 전형이다. 이를 통해 앞서 각종 사례에서 지적한 바 있듯이, 목사와 평신도 간에 대등한 수평적인 관계가 아니라, 위계적인 수직적 관계로 그 경계가 명확히 설정되어 있다. 다시 말해 목회자는 주의 종으로서 하나님의 말씀을 대언하고, 양떼(평신도를 말함)를 이끄는 목자 내지 영적 지도자로서의 권위를 갖고서 교회를 전반적으로 다스리는 위치를 점하고 있다는 말이다. 이런 설정은 목사를 수장으로 하여 장로, 권사, 집사, 평신도로 짜여진 위계적인 구조로 '피라미드'식 질서 형태를 보인다.

이런 위계적인 질서로 인해 신자는 목사 말에 순종해야 하며, 심지어 불순종하면 그것에 따른 응분의 벌이 내려지는 걸로 믿는다. 이런 비정상적인 상 · 하 관계는 규모가 어느 정도 되는 큰 교회일수록 강하게 나타나며, 심지어 담임목사 직을 자신의 자식에게 세습하는 일로까지 확대된다. 심각한 현실이다. 21세기 민주주의가 만개한 현실에서 교회는 아직도 봉건적인 모습을 취하고 있다.

이런 안타까운 국내 교계 현실에서 탈피하고자 그 원인분석과 대안제시를 동시에 제시하려는데, 먼저 이런 현실을 초래한 주된 원인을 잘못된 "성직주의"와 "교권주의"에 두고 분석해 볼 것이며, 그 대안은 이어지는 장에서 모색해 볼 것이다. 이를 위해 먼저 성직주의에 대해 살펴볼 것인데, '성직'이라는 개념이 발생하게 된 역사적 배경과 원인을 살펴봄으로써, 그 속에 담겨 있는 다양한 의미와 본질을 파악할 수 있을 것이다.

사실 초대교회에 있어 그 어떤 자료에도 평신도와 차별화되는 '사제'라는 용어를 사용한 적이 없었다. 신약성서에 있어 평신도를 가리키는 용어로 주로 '라오스'(λαος)가 사용되었는데, "선택된 하나님의 백성" 내지 "성도"를 의미한다. 이 외에도 이 용어는 이방인들과 상반되는 뜻으로 "이스라엘"을 지칭하거나 선택된 백성으로서 "예수의 공동체" 전반을 뜻하는 것으로 사용되었다. 따라서 라오스는 예수를 그리스도로 믿는 성도들의 공동체로서 특정 직분자와 별반 차이가 없는 전체 구성원에게 적용되었다. 대신에 라오스는 교회 공동체에서 특정 직분자와 평신도 간 차이가 아니라, '세상'과의 차이를 뜻할 뿐이었다. 결국 성직자와 평신도는 하나님 나라를 이 땅에 세우기 위해 하나님으로부터 부름받은 동일한 백성으로서 직무의 차이일 뿐이지 신분상으로는 전혀 차이를 보이지 않는다.

성육신하신 역사적 존재로서 예수만 보더라도 그렇다. 그는 혈통적으로 제사장 가문의 출신이 아니었고, 그의 제자들 역시 제사장 혈통과는 거리가 멀었다. 제사장 가문 출신이 아닌 바울 사도 역시 교회 직분을 설명함에 있어 상·하 구별이 아니라, 성령의 다양한 은사에 따라 한 몸의 지체로서 역할과 기능에 있어 차이가 날 뿐이라 주장한다.(참고. 롬 12:4-8; 고전 12장) 이렇듯 초대교회 당시 모든 성도들은 오직 예수 그리스도를 머리로 삼고 은사에 따라 각자가 처한 처소에서 맡은 사역을 감당할 뿐이지 직분자 간에 상·하 계급적인 질서가 존재하지 않았다. 모두가 "택하신 족속이요, 왕 같은 제사장이요, 거룩한 나라요, 그의 소유된 백성"이었다(벧전 2:9).

하지만 2세기 말엽부터 교회 직분에 있어 이런 수평적인 관계에 점차적으로 변화가 감지되기 시작한다. 즉 장로-집사의 2분제에서 감독-장로-집사의 3분제로의 전환에서 그 변화를 찾을 수 있다. 그런데 이 세 가지 직제 중 감독에게 집중적으로 힘이 실려 교회는 감독 중심으로 편재된다. 이 같은 사실은 다음 글에서 확인할 수 있다.

> 감독이나 혹은 그가 지명한 자에 의해 집전되는 성만찬만이 합당한 것입니다. 감독이 집행하는 모든 집회에는 그리스도의 집회가 그랬던 것처럼 보편적 교회가 존재하는 것입니다. 감독이 없는 자리에서 행해지는 세례는 합법적이 아닙니다. 그러나 감독이 인정하는 것은 무엇이나 하나님을 기쁘시게 하는 것이며, 그의 지시하는 바를 따를 때, 여러분은 안전하고 합당하게 됩니다.[1]

이렇게 2세기까지 유지되어온 교회 직분의 수평적인 관계에 금이 가기 시작하더니 마침내 위계적인 구조로 탈바꿈하기 시작한다. 교회 주변의 정세 변화로 인해 내적으로는 분열이 발생하고, 외적으로는 각종 이단사상과 교회를 향한 끊임없는 박해에 맞서 투쟁해야 하는 시대를 맞이하여 교회 지도력의 중요성이 커지자 교회 직분자, 그중에서도 특히 감독에게 강력한 힘이 쏠리게 된다. 이런 감독을 사제로 여기는 경향이 동시에 대두되기 시작하는데, 이것은 결국 시간이 지남에 따라 공동체에 의해 영적으로 이해되기보다 구약의 제사 의식의 패턴이 더 강하게 나타나는 결과를 가져왔다.

사제직에 대한 기독교적 개념이 구약성서의 제사에 뿌리를 두

---

1   Jay, E.G., 『교회론의 역사』, 주재용 역(서울: 대한기독교출판부, 1986), 48.

고 있지만, 초대교회의 사제직 개념은 단순한 희생 제사를 훨씬 뛰어넘는다는 점에 주목해야 할 필요가 있다. 즉 사제 사역은 성찬례에 국한되지 않고 다른 성례전적 의식의 집행, 보다 더 중요하게는 설교와 가르침, 그리고 장로를 위한 안수기도의 사역을 포함한다. 그중에서도 눈에 띄는 점은 평신도보다 사제에게 더 높은 수준의 순결을 요구하기 때문에 안수받은 자들 사이에서 독신의 실천을 장려했을 뿐만 아니라, 이런 안수를 다른 평신도와 구분하는 제도로써 그들 위에서 다스리는 위치로의 변화를 초래했다. 그래서 니사의 그레고리(Gregory of Nyssa)는 이런 변화를 반영하여 다음과 같이 주장한다.

> 말씀의 동일한 권능이 제사장을 합당하고 존귀하게 하며, 축복의 새로움으로 말미암아 무리의 속된 것에서 구별되게 한다. 군중과 백성의 한 사람에 불과했던 그가 갑자기 지도자, 감독자, 경건의 스승 및 신비의 스승으로 대두되기 때문이다. 그리고 그는 몸이나 형태의 변화 없이 이것을 성취하며, 비가시적 영혼 속에서 비가시적 능력과 은총에 의해 더 나은 모습의 변화된 모습 그대로 남아 있다.[2]

특히 히폴리투스(Hipolitus)는 교회 감독직을 아론의 제사장과 그 기능적인 면에서 동일한 것으로 간주함으로써 구약의 제사장

---

2   Gisbert Greshake, "Priester/Priestertum III/I," in: *Theologische Realenzyklopädie*(=T.R.E.), hrsg. von Gerhard Müller, Bd XXVII (Berlin · New York: Walter de Gruyter, 1997), 417.

모델로 전이시켜 교회의 본질적인 구조를 계층적으로 설정했다. 이를 통해 하나님과 평신도 사이의 직접적인 접촉이 중보자로서의 성직자에 의존해야만 하는 종속적 관계로 전락하고 말았다. 이에 더해 키프리안(Cyprian)은 안수받은 성직자와 그러지 못한 평신도 간의 차이에 대해 다음과 같이 주장한다. "이 감독 제도를 교리화하여 안수를 받은 교역자와 교역을 맡지 않은 평신도를 신분적으로 구분하여 성직주의를 강화하였고, 교회의 직분을 감독(목사), 장로와 집사의 삼중제로 만들어 교역은 성직자에게 넘어갔고 평신도는 교역의 대상이 되었다."[3] 이렇게 교회의 직분은 단순히 역할과 기능에 있어서의 차이가 아니라, 신분적으로도 차이를 이루어 수직적인 위계질서로 재편됨과 동시에 교회 사역은 성직자들의 전유물로 여겨지게 되었다.

성직자는 거룩한 영적인 일을 하는 상층계급으로, 평신도는 세속적인 일에 종사하는 하층계급으로 분리되었다. 성직자는 말씀의 선포권과 성례전의 집행권, 가르침과 지도의 권위, 교회에서 위엄과 명예와 계급을 갖게 되었고, 평신도는 말씀을 듣는 청중, 성례전에 참여하고 성직자의 영적 지도와 교훈을 받는 순종자로 규정되었다. 그 결과 평신도는 자신의 소명과 영적 은사를 무시당하고 언제나 순종과 열심만을 강요당하게 되었다.[4]

---

3 류장현, "평신도 운동과 신학에 관한 고찰," 「신학사상」 176(2017), 118.
4 H. 크레머, 유동식 역, 『평신도 신학』(서울: 대한기독교서회, 1999), 55. 류장현, "평신도 운동과 신학에 관한 고찰," 119에서 재인용.

성직자와 평신도 간에 이런 위계적인 질서가 확립되어 중세 시대를 지나 종교개혁 때까지 지속되다가 종교개혁운동을 일으킨 마르틴 루터의 '만인제사장직'에 의해 제동이 걸리기 시작한다. 그는 전통적인 사제직 교리를 거부하고 신약성서, 그중에서도 베드로 전서 2장 9절과 요한계시록 2장 9절 말씀을 증거로 삼아 '믿음'과 '세례'에 기초한 모든 신자의 사제직을 옹호했다.

또 다른 종교개혁자인 존 칼뱅(John Calvin) 역시 본질적으로 루터와 유사한 입장을 취했으며, 이런 입장이 제2 스위스 신앙고백서(Confessio Helvetica Posterior, 1566)에 잘 요약되어 있다.

> 그리스도의 사도들은 그리스도를 믿는 모든 사람을 사제라고 부른다. 물론 그들이 직분을 맡아서가 아니라, 그리스도로 말미암아 모든 신자가 왕과 제사장이 되어 우리 모두가 하나님께 영적인 제사를 드릴 수 있기 때문이다. 그러므로 사제직과 교회 직분은 서로 매우 다르다. 전자는 방금 말했듯이 모든 그리스도인에게 공통적이지만 후자는 그렇지 않다. 그러나 우리가 그리스도의 교회에서 교황의 사제직을 추방했을 때 우리는 교회 직분을 폐지한 것은 아니다.[5]

지금까지 막강한 교권을 갖고서 전권을 휘두를 수 있었던 성직주의가 발생하게 된 역사적 배경과 원인에 대해 모색해 보았다면, 이어지는 장에서는 그런 성직주의와 교권주의의 폐단을 제거시킬

---

5 Gisbert Greshake, "Priester/Priestertum III/I,", 418.

수 있는 대안을 루터의 "만인제사장직"과 키에르케고어의 "단독
자" 개념에 중점을 두고 찾으려 한다.

2. 신학적 토대: 루터의 '만인제사장직'[6]

그리스도인의 주체적 신앙 정립을 위한 핵심적인 신학적 토대
로써 루터의 '만인제사장직'에서 찾을 수 있다.[7] 만인제사장직은
로마 가톨릭에 있어 사제직과 평신도 간의 계급적 구분을 없애고
하나님 앞에서 역할과 기능에 있어 차이가 날 뿐이지 모두(세례교
인)가 동등하다는, 즉 수평적 관계를 확립한 성서적인 교리이기 때
문이다.[8] 종교개혁 운동을 불러일으킨 핵심적인 신학적 사상으로
로마서 1장 17절 "오직 의인은 믿음으로 말미암아 살리라."의 말
씀에 기초한 '칭의론'을 중심으로 베드로전서 2장 9절 "너희는 택
하신 족속이요 왕 같은 제사장들이요."의 말씀에 기반한 '만인제사
장직' 내지 '만인사제직' 역시 빼놓을 수 없을 것이다. 하지만 그리
스도인의 홀로서기를 위한 신학적 토대로써 무엇보다 '만인제사장

---

6 이 장은 저자의 다음 논문집에 실렸던 글을 수정 · 보완하였음을 미리 밝혀둔다. 장호광,
   "한국 교회 변혁을 위한 그리스도인의 신앙적 주체성 확립의 의의와 그 적용성," 「신학사
   상」 190(2020/가을), 118-132.

7 루터의 '만인제사장직'을 '평신도 신학' 내지 '운동'과 관련시켜 그리스도인의 주체성 확
   립을 제시한 글로 다음 논문을 참조하라. 류장현, "평신도 운동과 신학에 관한 고찰." 「신
   학사상」 176집 (2017/봄), 115-148.

8 정홍렬에 따르면, 한국 교회 현실에서는 만인제사장직에 대한 해석 및 적용이 목회자가
   처한 상황과 여건에 따라 임의적이며 자의적으로 이루어진다는 점이다. 즉, "오늘날 한국
   교회 안에서도 목회자의 권위를 강조할 때는 구약의 제사장직 개념으로서의 목회직이 강
   조되는 반면, 로마 가톨릭의 성직제도를 비판할 때는 여지없이 루터의 만인제사장직이 언
   급되고 있다." 정홍렬, "루터의 만인제사장직," 『ACTS神學과 宣教』 9(2005), 179.

직'에 초점을 맞출 것인데, 구체적으로 전개하기에 앞서 그런 신학적 사상이 발생하게 된 종교개혁 운동의 역사적 배경을 포함해 소개하려 한다. 루터의 만인제사장직은 종교개혁 당시의 시대적 배경을 기반으로 해서 형성되었기 때문이다.

종교개혁 운동의 시작(1517-1521)은 마르틴 루터의 공식적인 등장과 칼 5세(Karl V) 황제의 보름스(Worms) 칙령에 대한 반응에서 그 기원을 찾을 수 있다.[9] 1517년 종교개혁을 불러일으킬 정도의 당시 독일의 역사적 발전은 오랫동안 지속된 교회의 영적 영역뿐만 아니라 정치 · 사회 · 경제적인 여건과 환경이 동반된 결과다. 실질적인 종교개혁 운동은 교황청의 '면벌부 판매' 사건으로 촉발되었지만 당시 팽팽한 긴장감을 감돌게 한 위기적 상황, 즉 물질적 빈곤, 정신적 피폐 및 사회 · 정치적 불안 등을 더욱 가속화시켰다. 이로부터 발생한 독일의 종교개혁 운동은 다양한 모습과 형태로 국경을 넘어 유럽 전반으로 퍼져 나갔다.

이런 운동은 더욱 가속화되고 심화되어 교황의 수위권을 비롯해 교황청, 독일 제국의회 및 교회를 향한 비판과 더불어 유럽 전역으로 퍼져 나갔다. 결국 그런 비판은 유럽 전역에 걸쳐 지배권을 행사하려는 교황과 교황청에 방향이 맞춰져 있으며, 그런 지배의 신학적 부당성과 불가능성의 문제제기로 이어졌다. 또한 그 비판은 교회의 정치적인 영향력 행사뿐만 아니라, 무거운 부담을 안기는 재

---

9   Rainer Wohlfeil, *Einführung in die Geschichte der deutschen Reformation* (München: Verlag Beck 1982), 13.

정적인 문제와도 결부되어 있었다. 이런 시대적 상황과 결부된 비판은 로마 교황청에 맞선 증오감과 더불어 날이 갈수록 더해갔다.

이외에 영적인 직무에 종사하는 부류의 사람들과 이들보다 낮은 직무로 여겨진 세속적인 일에 종사하는 부류의 사람들 사이에 현저한 거리감이 형성되어 오랫동안 존속해 왔다. 당시 불안과 두려움으로 가득 찬 유럽 사회의 분위기를 조성한 주도적인 세력은 단연 로마 교황청이며, 나아가 이곳에서 임명된 주교들, 이들과 결탁한 영주 및 제후 세력이며, 이들 세력을 향한 민중의 증오감과 불신이 극에 달할 정도로 비판의식이 고조되었다.

이렇듯 종교개혁 운동은 그 원인으로 단지 몇몇 지역 교회의 영적 부패에서만 찾을 수 있는 것이 아니라, 당시 전 유럽에 걸쳐 정치, 사회 및 경제적 분야에 막강한 권한을 행사하며 변화를 주도해나간 로마 교황청에서 찾을 수 있다. 이런 교황청의 권세가 유럽 각 나라의 크고 작은 지역을 다스리는 영주와 제후의 권세로까지 이어졌고, 그런 영토에 속한 민중 역시 그들의 횡포와 억압으로 큰 갈등과 고통을 겪는 형편이었다. 이렇게 교회의 영적 차원을 넘어 이런 시대적 아픔과 고통이 종교개혁 운동을 가속화시킨 원인이었다.

특히 1517년 10월 31일, 로마 교황청의 '면벌부 판매'를 비롯한 다양한 문제점을 지적한 독일 비텐베르크(Wittenberg) 성당에 붙은 마르틴 루터의 95개 논제가 종교개혁 운동을 더욱 가속화시켰다. 라틴어로 쓰여진 루터의 95개 논제는 영적 영역을 넘어 세속적 영역으로까지 퍼져나가 그 영향력이 확대·심화되었다. 이 논제는 하나님과 인간의 관계뿐만 아니라 당시 교황청의 조세주의

(Fiskalismus)에 대한 비판으로써 재정적 문제를 공식적으로 제기하는 면벌부 판매를 겨냥해 있었다. 루터는 자신의 논제의 활성화된 반향에 힘입어 로마 교황청의 신학적 오류를 성서의 바른 해석과 적용을 발판 삼아 바로 수정하여 교회를 다시 회복시키고 갱신하려는 목표설정을 확고히 할 수 있었다. 이런 확고부동한 목표설정은 무엇보다 다음의 세 가지 그의 문헌에서 발견된다. 『독일 국가의 그리스도인인 귀족들에게 그리스도인다운 신분 개선에 관하여』(An den christlichen Adel deutscher Nation von des christlichen Standes Besserung), 『교회의 바벨론 감금』(De captivitate Babylonica), 『그리스도인의 자유에 관하여』(Von der Freiheit eines Christenmenschen)가 그것이다.[10] 이 문헌들에서 루터는 교황에 맞서 "만인제사장직"에 관한 근거와 토대를 하나님의 말씀인 성서를 바탕으로 해서 제시했다.[11] 이제 이런 문헌들에서 나타나는 그의 '만인제사장직'을 파악할 수 있도록 간략하게 정리해 분석해 보도록 하자.

1) 평신도의 제사장직

루터는 로마 교황청을 향한 공격에 있어 무엇보다 영적 신분을 세속적 신분으로부터 차별화하는 점을 비판한다. 여기서 영적 신

10 Martin Brecht, "Luther, Martin(1483-1546)," in *Theologische Realenzyklopädie*(=T.R.E.), hrsg. von Gerhard Müller, Bd XXI (Berlin · New York: Walter de Gruyter, 1991), 514-521.

11 Martin Brecht, *Martin Luther. Sein Weg zur Reformation 1483-1521/Ordnung und Abgrenzung der Reformation 1521-1532* (Stuttgart: Evangelische Verlagsanstalt, 1986), 352.

분은 교황, 주교, 사제 및 수도원 사람들에 해당되고 세속적 신분으로는 영주, 군주, 제후를 비롯해 수공업자 및 농부 등을 말한다.[12] 그러나 루터는 고린도전서 12장 12절 "몸은 하나인데 많은 지체가 있고 몸의 지체가 많으나 한 몸임과 같이 그리스도도 그러하니라."의 말씀을 근거로 모든 그리스도인은 참으로 영적인 신분이기 때문에 그들 사이에 어떤 차이도 존재하지 않음을 강조한다.[13] 한스 마르틴 바르트(Hans-Martin Barth)에 따르면, "모든 그리스도인은 참으로 영적인 신분을 지니며 세례를 통해 모두가 동일하게 사제로 서품을 받는다"는 만인제사장직에 관한 루터의 주장은 개개 그리스도인의 품격과 가치를 명확히 하는 신학적 시도였다.[14]

모든 신자들은 믿음을 통한 그리스도와의 연합으로 인해 왕직과 제사장직에 참여하며, 이로부터 하나님과 제사장적 관계를 맺는다. 루터는 이런 사상에 대한 주요 성서적 근거로 "그러나 너희는 택하신 족속이요 왕 같은 제사장들이요 거룩한 나라요 그의 소유가 된 백성이니…"(벧전 2:9)와 "그들로 우리 하나님 앞에서 나라

---

12 Martin Luther, *D. Martin Luthers Werke: kritische Gesamtausgabe*(Weimarer Ausgabe=WA), hrsg. von Köpf Ulrich, (Weimar: Hermann Bölau, 1883-2009), 6, 366, 30-32. 이후 WA로 약칭 사용.

13 "교황, 주교, 사제와 수도사를 영적 신분(geistliche Stand)이라 부르고, 제후, 군주, 장인과 농민을 세속 신분(weltliche Stand)이라고 부르는 것은 완전 조작된 것이다. 참으로 이것은 순전히 거짓과 위선이다. 그러므로 아무도 놀라서는 안 된다. 이것은 말하자면 모든 그리스도인은 참으로 영적 신분이며 그들 사이에는 직책상의 차이 외엔 아무런 차이도 없기 때문이다." WA 6, 407, 10-18. 김판임, "루터의 만인사제론과 한국 교회의 개혁 과제,"「신학사상」179(2017/겨울), 45-46.에서 재인용.

14 Hans Martin Barth, *Einander Priester sein: Allgemeines Priestertum in ökomenischer Perspektive* (Göttingen: Vandenhoeck & Ruprecht, 1990), 27.

와 제사장들을 삼으셨으니 그들이 땅에서 왕 노릇 하리로다 하더라."(계 5:10)를 제시한다.

이처럼 루터에 있어 오직 신앙과 세례를 통해 참된 그리스도인이자 제사장이 될 수 있기 때문에 이 용어들은 결국 동일한 본질을 가리킨다. 즉 신자들은 하나님 앞에서 그리스도인이자 제사장적 신분을 소유하고 있다. 이를 통해 그들은 구약의 제사장과 같은 중재자 없이 하나님 앞에 직접 나아가 대면할 수 있게 된다. 이렇듯 루터는 "구약 성서적 의미의 제사장 이해를 하나님의 칭의의 사역 중심의 제사장 이해로 대체시켰다."[15]

여기서 우리가 눈여겨볼 점은 루터가 만인제사장직의 전제조건으로 '신앙'뿐만 아니라 '세례'를 제시한다는 사실이다. 루터는 믿음을 통해 모든 그리스도인이 제사장적 신분을 동일하게 소유하지만, 이것은 내적이며 영적인 특성을 갖는다면, 이에 대한 외적 표지로 '세례'를 제시한다. "우리 모두는 세례를 통해 제사장으로 임명받았다."[16] 한스 마르틴 바르트에 따르면, 루터에 있어 세례와 만인제사장직과의 관계는 그리스도인이 예수 그리스도의 죽으심과 부활의 능력에 힘입어 세례받을 시, 물과 성령으로 거듭나 새로운 피조물이자 영적으로 새로 태어난 존재라는 점에서 그 주된 근거를 찾을 수 있다.[17] 이처럼 루터는 세례와 만인제사장직의 필연적인 관계를 주장한다.

---

15 정홍렬, "루터의 만인제사장직," 182.

16 WA 6, 367, 4

17 Cf. H.M. Barth, *Einander Priester sein*, 34-35.

이와 더불어 루터는 위급 시, 모든 그리스도인에게 세례를 베풀 권한이 있음을 주장한다. 한 공동체에 목사의 부재 시, 그 공동체에 속한 성도 중 세례받기를 원할 경우, 그들 중 선택된 자가 목사 직을 대신할 수 있다.[18] 루터의 이런 진술은 주교나 사제뿐만 아니라 평신도 역시 위급 시 세례를 베풀고 설교를 할 수 있다는 것을 뜻한다.[19]

이런 만인제사장직에 담겨 있는 의미는 하나님은 다만 당신의 말씀을 통해 인간에게 영향력을 행사하며, 그렇기 때문에 하나님과 인간의 관계는 믿음 안에서만 가능하다는 점이다. 그리스도인은 믿음 안에서 하나님의 하나님이심을 깨닫고 당신의 면전에 서게 된다. 환언하면, '세례', '복음', '믿음'은 모든 그리스도인에게 동일한 정도로 제사장적 신분을 비롯해 일체의 영적인 신분을 유지하게 하는 기본 요소다.[20] 교회의 영적인 사역과 세속적 사역의 동등한 가치는 하나님 앞에서의 그런 동일성에 그 근거를 둔다.[21]

2) 평신도의 제사장직과 교회의 직분

루터는 만인제사장직과 교회에서의 직분 사이에 차이가 존재하는지, 존재한다면 그 의미가 무엇인지 질문을 던지며 그 답을 제시

---

18 WA 6, 367, 16-22.
19 이에 대해 한스 마르틴 바르트는 위급 시 평신도에 의해 거행되는 세례는 이후 논쟁거리 중 하나였으며, 평신도의 설교 역시 해석의 문제로 부상했다고 진술한다. H.M. Barth, *Einander Priester sein*, 32.
20 WA 6, 407, 19.
21 WA 6, 409.

한다. 이에 대한 유일한 답은 그리스도인 모두가 하나님 앞에서 동일한 영적인 신분을 소유하지만, 그러나 교회에서 각자에게 주어진 은사의 종류에 따라 타자를 섬기는 직무의 다양성이 존재한다는 사실에서 찾을 수 있다. 루터에 따르면, 신자들에게 주어진 은사가 다양하여 직무에 있어 차이가 날 뿐이지, 이런 다양한 직무들의 높고 낮은 '신분'을 드러내는 것은 결코 아니다.[22] 모든 신자들은 영적 신분에 차이가 없으며, 동일한 그리스도인이자 제사장이다. 제사장직에 담겨 있는 의미를 보다 명확히 알기 위해서는 예수 그리스도의 '대제사장직'으로 돌아가야 한다. 신약성서는 그리스도를 유일한 '대제사장'이라고 묘사한다(히 4:14-15). 신자는 믿음을 통해 그리스도의 대제사장직에 참여함으로써 제사장직을 함께 공유할 수 있게 된다. 제사장직의 서품 수여는 영적인 신분과 하나님과의 관계를 위한 특별한 무엇을 제공하지 않는다. 영적인 것 속에 담겨 있는 근본적인 의미는 하나님과의 개별적이며 인격적인 주체적 신앙의 관계에서 찾을 수 있다.

이에 더해 루터는 말씀 봉사에 대한 전권의 보편성을 주장한다. 즉 믿음으로 인한 하나님 앞에서의 동등성을 토대로 루터는 영적인 일들(가령 말씀 선포 및 성례 등)에 있어 교황과 그로부터 임명된 주교 및 사제의 특권에 비판을 가하며, 대신에 모든 신자들에게 말씀에 봉사하고 성례를 거행할 수 있는 동등하고 제한받지 않는 권

---

22 "성직자와 평신도는 하나님 나라의 사역을 위해 부름받은 한 하나님의 백성이다. 그들은 직무의 차이만 있을 뿐 신분의 차이는 없다." 류장현, "평신도 운동과 신학에 관한 고찰." 115.

한 위임을 제시한다.[23] 하나님은 교회를 세우셔서 성도 중 몇몇은 말씀을 선포할 소명을 주시며 당신의 일을 감당케 하신다. 이처럼 모든 신자들이 동일한 자격과 신분을 소유하고 있음에도 어떤 특정 신도에게는 말씀을 선포하고 가르치는 은사를 주셔서 다른 성도들을 섬기는 사역을 잘 감당하게 하신다.[24]

하지만 모두가 오늘날의 의미에 있어 목사가 될 수는 없다. 모두가 비록 제사장적 권세를 갖지만 목사의 직은 공동체의 부름을 받은 소수 사람들에게 제한되어 있다. "모든 그리스도인이 제사장인 것은 사실이지만, 모두가 목사는 아니다. 목사가 된다는 것은 그가 그리스도인이요 목사일 뿐만 아니라 직임과 그에게 위임된 사역의 장이 있어야만 한다. 이런 소명과 명령이 목사와 설교자를 만드는 것이다."[25] 물론 한 공동체에 목회자가 부재할 시, 목회자를 청빙할 때까지 임시적으로 평신도 중에서도 공적 설교를 맡길 수 있다는 것이 루터의 입장이다.[26] 이뿐 아니라 목회자가 불합리하게 혹

---

23 WA 6, 566, 27.

24 이렇듯 "만인사제론이란 신학대학에서 교육을 받고 사제가 된 사람만이 아니라, 세속에서 살아가고 있는 일반인들도 성경을 직접 읽고, 성경을 스스로 이해할 수 있으며, 따라서 하나님의 뜻을 알고 실행에 옮길 수 있다는 루터의 이론이다." 김판임, "루터의 만인사제론과 한국 교회의 개혁 과제," 「신학사상」179(2017/겨울), 55.

25 WA 31 1, 211, 17-20. 정홍열, "루터의 만인제사장직", 186에서 재인용. 뿐만 아니라 루터는 목회자가 갖추어야 할 기본적인 자질로써 다음과 같은 사항을 제시한다. "성경에 대한 지식과 신학훈련을 통해 신학적 소양을 겸비할 것과 개인적 덕목과 성품으로서 경건과 존경받음과 건전함, 경험의 풍부함과 지혜와 기억력을 갖추어야 할 것이다." WA 46, 282, 5. 정홍열, "루터의 만인제사장직", 188에서 재인용.

26 참고. 우병훈, "루터의 만인 제사장직 교리의 의미와 현대적 의의," 「신학논단」87(2017), 215.

은 부정하게 교회를 운영하거나 성서를 잘못 해석하여 가르치거나 선포할 때, 평신도 중 누구든지 그런 잘못을 지적할 수 있는 권한이 있다.[27] 더욱이 목회자가 목사의 직을 여러 가지 이유로 내려놓을 때, 그 직은 자동적으로 소멸된다. 따라서 목사는 더 이상 목사가 아니라 평신도로 돌아온다.

이 직무의 권한은 공동체의 위임을 받아 공식적인 직무를 행사할 때만 유효한 것이지, 더 이상 이 직무에 사역하지 않을 때, 이 직무의 권한, 즉 목회직은 중지된다. 그는 더 이상 목사가 아니다. 루터의 목회직 이해는 철저하게 복음의 공동체적 사역과 연관되어 있으므로 이 공적인 사역이 종료되면 그는 평신도가 되며 그리스도인인 의미에서 제사장일 뿐이다.[28]

이렇듯 교회의 직분은 하나님이 결정하고 세우신다. 이에 덧붙여 교회에서 특정 직분을 행사하려는 자는 하나님과 공동체로부터 부름을 받아야 한다.

3) 루터의 만인제사장직에 대한 헤르보른의 비판

상술한 루터의 만인제사장직에 대한 변론에 당시 로마 가톨릭의 프란시스코 수도원 소속의 사제인 니콜라우스 헤르보른

---

27   위의 책, 220.

28   정홍렬, "루터의 만인제사장직," 188.

(Nicolaus Herborn)이 강하게 비판을 가한다. 당시 그는 프란시스코 수도원과 가톨릭을 위해 루터의 종교개혁 운동의 위험성을 발견하고, 그런 운동에 맞서 싸울 필요성을 깨닫게 된다. 그 결과 그는 루터의 그런 운동에 대한 일종의 변증서인 『Enchiridion(편람)』을 발간한다. 이 '편람'을 중심으로 루터의 만인제사장직에 대한 헤르보른의 주요 비판점을 요약하여 소개해 보고자 한다.

(1) 적법한 권위

니콜라우스 헤르보른은 모든 그리스도인이 세례를 통해 정식 교인으로 임명받았다 할지라도 적법한 권위에 있어서는 차이가 있다는 점을 명확히 한다.

> 비록 우리 모두가 세례를 통해 기독교 교인으로 임명받았다 할지라도 자동적으로 모두가 거룩한 신비적인 일을 감당할 수 있을 정도는 아니며, 모든 어린아이가, 모든 여성이, 모든 평신도가, 그리고 적법한 권위에 의해 임명되지 않은 모든 자들이 동일한 신분으로 규정되지 않는다.[29]

모두가 목자로서 임명되지 않았으며 소수의 사람, 즉 사도들과 그들로부터 적법하게 임명받은 후계자들에게만 적용된다. 그는 이에 대한 성서적 증거로, "주께서 이르시되 지혜 있고 진실한 청지

---

29 Nicolaus. Herborn, *locorum communium adversus huius temporis haereses enchiridion(1529)*, hrsg. von Albert Ehrhard (Münster: Verlag Aschendorff, 1927). 12. 64,7-9.

기가 되어 주인에게 그 집 종들을 맡아 때를 따라 양식을 나누어 줄 자가 누구냐"(눅 12:42)와 "우리는 하나님의 동역자들이요 너희는 하나님의 밭이요 하나님의 집이니라 네게 주신 하나님의 은혜를 따라 내가 지혜로운 건축자와 같이 터를 닦아 두매 다른 이가 그 위에 세우나 그러나 각각 어떻게 그 위에 세울까를 조심할지니라."(고전 3:9-10)를 제시한다.

헤르보른은 평신도와 목자 간에 명백한 차이를 강조하면서 목자를 현명한 '건축가' 내지 '신비스러운 일의 봉사자'로, 평신도를 '양떼'와 '밭'으로 은유적으로 묘사한다. 여기서 그는 당시 영적인 신분으로 칭해졌던 교황, 주교 및 사제를 목자로, 그리고 신발수선공, 농부 및 대장장이 등, 소위 세속적 신분을 가진 자를 평신도로 묘사한다. 따라서 그는 목자와 평신도 간에 신분적으로 존재하는 명확한 차이를 주장하며 신자에 비해 상대적으로 우월한 목자의 적법한 권위를 인정한다. 헤르보른의 이런 사상은 목자와 신자 간에 신분상에 있어 차이를 인정하지 않았던 루터에 맞서 있었다. 따라서 헤르보른은 모두가 동일한 사제로서 교회에서의 관리 직분에 임명될 수 없음을 주장한다.

(2) 안수와 기름 부음

모든 그리스도인이 사제와 주교로 서품을 받을 수 없다는 점을 헤르보른은 디모데전서 5장 4, 14, 22절, 출애굽기 30장 30절, 신명기 25장 13절을 근거로 해서 '기름 부음'과 '안수'와 관련시켜 기술한다.[30] 안수의 권세는 모두에게 제공될 수 없으며, 오직 사제직에게만 가능하며, 기름 부음 역시 마찬가지다. 나아가 헤르보른은 에베소서 4장 11절 "그가 어떤 사람은 사도로, 어떤 사람은 선지자로, 어떤 사람은 복음 전하는 자로, 어떤 사람은 목사와 교사로 삼으셨으니."의 말씀을 근거로 해서 유대인을 비롯해 모든 그리스도인은 거룩한 신비스러운 일을 감당하기 위해 동일한 정도로 임명될 수 없다는 점을 분명히 한다. 또한 그는 고린도전서 12장 5절, 로마서 12장 6-7절, 고린도후서 5장 20절을 근거로 해서 모든 그리스도인은 하나님의 은사에 따라 다양한 봉사와 섬김의 직을 갖고 있다고 말한다. 나아가 그는 모두가 사제로 서품을 수여받을 수 있는 것이 아니라, 오직 열두 사도에게만 해당된다는 점을 예수 그리스도와 그의 제자들과 더불어 개최된 '최후의 만찬'을 그 근거로 제시한다.[31]

이렇듯 헤르보른은 당시 모든 그리스도인이 동일한 정도로 사제로 임명받았다는 것을 가르치는 루터의 새로운 교리에 대해 신랄한 비판을 가한다. 그는 이런 비판에 대한 증거로 '기름 부음'과 '안수'를 제시하며, 목자와 양떼로서의 일반 신자 간에 존재하는 명백한 차이를 제시한다.[32] 이것은 모두가 믿음과 세례를 통해 기

---

30 참고. 위의 책, 12. 64, 26-65, 1.

31 위의 책, 12. 64, 14-21.

32 그러나 루터에게 '안수'는 새 언약 시대 이후 폐지되었다는 입장을 근거로 사제직의 안수를 비성서적이라는 견해를 취한다. 참고. 성석환, "루터의 '만인사제론'의 공적 의미와 현대적 실천 연구," 「한국기독교신학논총」 107(2018), 168.

독교 공동체의 일원으로 세움을 받았음에도 모두가 동일하게 기름 부음과 안수를 받지 않았으며, 오직 사도와 그들의 후계자(주교들)의 안수에 참여한 자들에게만 적용된다는 점을 부각시킨다.

(3) 내적 사제직

헤르보른은 출애굽기 19장 5-6절, 베드로전서 2장 9절, 요한계시록 1장 6절을 바탕으로 해서 모든 그리스도인에게 적용되는 '내적' 사제직에 관해서도 언급한다.[33] 특히 "그러나 너희는 택하신 족속이요 왕 같은 제사장들이요 거룩한 나라요 그의 소유가 된 백성이니 이는 너희를 어두운 데서 불러내어 그의 기이한 빛에 들어가게 하신 이의 아름다운 덕을 선포하게 하려 하심이라"(벧전 2:9)와 "그의 아버지 하나님을 위하여 우리를 나라와 제사장으로 삼으신 그에게 영광과 능력이 세세토록 있기를 원하노라."(계 1:6)에서 제시된 사제직은 인간의 몸을 하나님께 희생의 제물로 바치라는 점을 요청하는 것으로 이해된다. 모두는 그리스도께 속해 있고, 선한 사역을 감당하기 위해 최선의 노력을 다해야 한다. 그들 모두가 종이면서 동시에 자유자다. 하지만 모두가 세례를 통해 내적 혹은 영적으로 거룩해졌다 할지라도 개개인 모두가 사제직으로 임명되지는 않는다.

헤르보른은 그런 사제직을 교부들의 결정을 토대로 기름 부음

---

33 N. Herborn, *locorum communium adversus huius temporis haereses enchiridion(1529)*, 12. 65, 22-25.

을 받은 자와 안수받은 자에게만 적용된다는 사실을 강조한다. 그러나 모든 그리스도인, 즉 목자와 양떼 사이에 내적으로는 차이가 존재하지 않는다. 이렇게 모든 그리스도인이 내적으로 동일하다는 헤르보른의 주장은 내적으로뿐만 아니라 외적으로도 사제직에 있어 차이가 없이 동일하다는 루터의 사상과는 정면으로 배치된다.

상술한 바에 따라 루터와 헤르보른 사이에 "만인제사장직"에 대한 신학적 견해가 상당히 크다는 사실을 알게 된다. 로마 가톨릭의 입장을 대변하는 헤르보른의 변증에는 가톨릭의 존재 자체를 뒤흔들 수 있는 루터의 교리적 공격에 맞서 싸운 흔적이 강하게 묻어나 있다. 어쨌든 두 신학자 간 그런 강력한 교리적 싸움의 내용을 보다 명확히 하기 위해 요약해보면 이렇다.

우선 루터는 만인제사장직에 대한 자신의 논거를 세례에서 찾는다. 그는 영적 신분에 관한 가톨릭의 특별한 의미 부여에 일침을 가한다. 모든 그리스도인은 세례로 인해 동일한 영적 신분을 소유하며, 이를 통해 모든 직분의 역할 분담(말씀 읽기와 해석, 선포와 성례 일체의 관리 등을 포함해)에 참여할 수 있는 자격이 주어진다. 그러나 그들이 공동체에서 그런 직을 공식적으로 수행할 수 있기 위해 교회 구성원들의 동의가 있어야 하며 특정 직분을 수행할 수 있는 부름을 받아야 한다. 그러나 공식적인 직무행사의 예외라 할 수 있는 위급한 경우든지 가족 내에서의 경우, 사제직의 일체 기능을 행사할 수 있는 권리와 의무를 지닐 수 있다. 이렇듯 루터는 영적인 신분의 특권을 강하게 비판하며, 영적인 신분과 세속적 신분 간에 어떠한 차이도 있을 수 없다는 점을 강조한다.

이에 비해 헤르보른은 영적인 신분과 세속적 신분에는 명확한 차이가 존재한다는 점을 부각시킨다. 그는 모든 그리스도인은 세례를 통해 동일하다는 만인제사장직에 관한 루터의 견해를 거절한다. 그는 영적인 신분에 속한 자들을 '목자'로, 세속적 신분에 속한 자들을 '평신도'로 묘사한다. 사도 바울이 목자를 건축가로, 평신도를 양 혹은 밭으로 은유적으로 묘사했기 때문이다. 따라서 헤르보른은 평신도와 목자 간의 명백한 차이와 경계선에 주의를 기울여야 한다는 점을 강조한다. 그런 차이는 성서에 명시된 것으로써 '안수'와 '기름 부음'에서 그 근거를 찾을 수 있다. 그러나 '내적'인 제사장직에 있어서는 모든 그리스도인에게 차이가 없다는 점을 인정한다.

여기서 눈여겨볼 것은 만인제사장직의 근거로 루터는 신약성서를 주요 증거로 제시한다는 점에 비해, 헤르보른은 신약뿐만 아니라 구약성서를 그 증거로 제시한다. 루터에 있어 만인제사장직의 성서적 근거로 제시된 베드로전서 2장 5, 9절과 요한계시록 1장 6절이 신약성서에 있어 유일한 증거다. 이 구절은 거룩하며 내적이며 영적인 제사장을 가리키며, 하나님과 인간의 관계를 드러내는 주요 근거다. 반면 구약성서에 있어 '아론'의 제사장직은 외적인 측면을 드러낼 뿐이다. 즉 아론의 중재를 통해 그 당시 이스라엘 백성들이 하나님과 외적으로 화해했다. 그 때문에 당시 이스라엘 백성들은 스스로 하나님 앞에 대면할 수 없었다. 이에 비해 신약성서에 나타나는 제사장직은 영적이며 내적이다. 신약성서에 있어 제사장은 인간에 의해서가 아니라 하나님으로부터 임명받는, 다시 말해 외적인 안수나 기름 부음에 의해서가 아니라, 물과 성령으로 이루어진다. 이를 통해 제사장직의 본질은 모든 그리스도인이 개별적으로 하나님 앞에 설 수 있는, 즉 신자 각자의 '주체적 권위'에 있다는 점을 깨닫게 한다. 신약성서에 있어 제사장과 믿음은 떼려야 뗄 수 없는 필연적 연관성을 갖는다.

따라서 제사장직은 신자 혹은 그리스도인의 다른 명칭이다. 믿음을 통해 하나님과 인간 간에 새로운 관계가 형성되기 때문이다. 제사장직은 내적이며 하나님과 인간의 관계를 나타내는 주요 개념이다. 뿐만 아니라 제사장직은 하나님의 자비와 내적인 기름 부음을 통해 형성된다. 따라서 믿음이 모든 그리스도인을 영적인 신분으로 고양시키듯이, 하나님은 그들을 제사장적 신분으로 고양시킨다. 모든 신자는 제사장적 속성을 지니기 때문에 하나님 앞에 직접적으로 설 수 있다. 교회는 신자들의 공동체이자 제사장적 백성들의 모임이다. 때문에 교회 내에는 구약에서 보여주듯이 하나님과 인간 사이를 중재하는 특별한 제사장직이 필요치 않다.

이에 근거해서 교회 내에서 평신도가 목회자의 권위와 주체성에 의존하지 않고 독립된 개별성을 지닌 채 자신의 신앙세계를 펼칠 수 있다. 뿐만 아니라 성도는 복음을 바탕으로 해서 하나님과 직접 대면하여 이웃을 위해 중보기도를 올릴 수 있다는 점과, 나아가 말씀 선포와 참회기도와 타자의 영혼 돌봄이 가능하다는 점에서 그 정점을 찾을 수 있다.[34] 무엇보다 만인제사장직은 예수 그

---

34   참고. WA 7, 28:8, 182.

리스도의 '대제사장직'에 뿌리를 두고 있다. 당신의 죽으심과 부활을 통해 구약의 제사장직을 성취하셨고 폐지시키셨다. 그리스도에 대한 믿음을 통해 하나가 되었으며, 믿음 이외에 어떤 다른 수단도 필요로 하지 않는다. 따라서 그리스도의 죽으심과 부활을 믿는 믿음을 통해 모든 그리스도인은 제사장이요, 아들이요, 왕이다.

3. 철학적 토대: 키에르케고어의 '주체성(단독자)' 개념[35]

쇠렌 키에르케고어는 실존철학의 선구자로서 철학 분야뿐만 아니라 신학, 그중에서도 칼 바르트(Karl Barth)를 비롯해 그의 동료 신학자들인 불트만(Rudolf Bultmann), 틸리히(Paul Tillich), 브룬너(Emil Brunner) 등이 참여하여 확립한 '변증법적 신학'(dialectical theology)[36]에 지대한 영향을 끼친 철학자이자 신학자이다. 『두려움과 떨림』, 『불안의 개념』, 『철학적 단편』, 『죽음에 이르는 병』을 비롯한 주옥같은 그의 대표작들은 '하나님 앞에 마주한 단독자'로서 그리스도인의 주체적 신앙 정립을 위해 빼놓을 수 없는 필독서에 해당된다. 진정한 그리스도인은 신 앞에 홀로 선 단독자로서 그리스도의 인격과 삶을 본받고 실천하고자 끊임없이 노력하는 존재이

---

35 이 장은 저자의 다음의 논문집에 실렸던 글을 수정 · 보완하였음을 미리 밝혀둔다. 장호광, "한국 교회 변혁을 위한 그리스도인의 신앙적 주체성 확립의 의의와 그 적용성," 132-148.

36 국내 신학계에서는 '변증법적 신학'보다는 '신정통주의 신학'(Neo-Orthodoxy Theology)으로 주로 불리어진다. 그러나 헤겔의 '정-반-합'의 변증법이 아니라, 키에르케고어의 '정-반'의 변증법을 기초로 해서 형성된 측면을 반영하여 '신정통주의 신학'보다는 '변증법적 신학'으로의 칭호가 더 적합할 것으로 사료된다.

다. 이것이 바로 키에르케고어가 말한 그리스도인의 주체적 및 실존적 삶이다. 따라서 본 장에서는 키에르케고어의 주체사상이 어떤 점에서 그리스도인 스스로가 자신의 주체적 신앙을 정립할 수 있는지 그 가능성을 탐색해보도록 하자.

1) 하나님 앞에 선 단독자로서 주체성

키에르케고어가 살던 당시 자신의 조국 덴마크 교회에 속한 그리스도인의 모습은 하나님 앞에 선 개별자 내지 단독자로서 자신의 정체성이 철저히 드러난 신앙인이 아니라, 군중 혹은 집단 속에 가려진 채 불명확하거나 흐릿한 모습으로 비춰졌다. 개인의 개별성이 대중 속에 가려져 있다 보면 진리 역시 가려져 자칫 진리를 가장한 비진리를 진리인 양 착각하기 십상이다. "그 이유는 군중은 개인을 뉘우칠 줄 모르게 만들고, 책임을 질 줄 모르게 만들고, 혹은 적어도 책임을 분산시켜서 감소시킴으로써 개인의 책임감을 약화시키기 때문이다."[37]

오늘날 한국 교회 역시 냉철한 시각으로 분석해 보면, 키에르케고어 당시의 교회와 흡사한 모습임을 부인할 수 없을 것이다. 하나님 앞에 홀로 선 단독자의 모습이 아니라 군중 속에 가려진 그리스도인으로 남아 철저한 주일성수와 십일조를 포함한 다양한 명목의 헌물, 교회의 각종 행사 참여 등을 이행함으로써 성도의 책임과

---

37   쇠얀 키에르케고어/임춘갑 역, 『관점』(서울: 치우, 2011), 178-179. 김용래, "키에르케고어의 그리스도인 되기," 「누리와 말씀(World and word)」 42(2018), 263.에서 재인용.

의무를 다한 것으로 만족해하는 그런 모습으로 비춰진다. 이런 모습은 형식적으로는 그리스도인의 모습으로 비춰질지 모르나, 실상 참된 그리스도인으로 간주되기에는 어려울 것이다. 키에르케고어에게 참된 그리스도인은 대중 속에 파묻혀 가려진 모습이 아니라, 하나님의 면전에서 맺은 관계와 더불어 오로지 홀로 선 개인을 뜻하기 때문이다.

키에르케고어가 살던 당시 유럽계의 지배적 사상은 인간의 사유와 인식 및 행위의 출발점이자 토대인 '자아의식'을 필두로 헤겔에 이르러 정점을 보인 사변적 관념주의, 이를 토대로 한 보편주의 및 동일성 철학이었다. 이런 주류적 사상에 대해 반기를 들고 키에르케고어는 사유를 통한 보편적 존재 규정이 아니라, 순간적 선택에 기반을 둔 개별자의 실존적 존재를 내세운다. 그는 실존을 제외시킨 헤겔의 사변적 사유는 추상에 불과하다고 강하게 비판한다. 키에르케고어에 따르면, 헤겔의 사유를 통한 존재 규정을 받아들일 경우, 진리에 대한 인간의 내면적 주체성을 간과시키는 오류를 범하게 되며, 이를 통해 인간의 단독자로서의 개별성이 보편으로 흡수되어 버리는 결과를 초래한다. 이렇듯 키에르케고어의 주체성 내지 단독자 사상은 헤겔의 보편적 주체사상에 대한 항거에 기인한다.[38]

하나님의 면전에서 단독자가 된다는 것은 실존의 삼단계, 즉 심

---

38 이에 대해 자세히 알려면 다음의 논문을 참조하라. 장호광, "헤겔의 신앙론에 대한 키에르케고어의 비판,"「한국개혁신학」43(2014), 62-87.

미적, 윤리적 및 신앙적 단계에서 관찰할 수 있듯, 성숙하고 품격 있는 그리스도인으로서 자리매김하는 의미를 갖는다. 이에 따라 기독교의 진리가 '무엇'이냐고 하는 객관적인 문제가 아니라, 단독의 개인이 기독교에 '어떻게 관계하느냐'고 하는 주체적인 문제임이 드러난다. 다시 말해 주체적 사고의 쟁점은 '무엇'에서가 아니라 '어떻게'에 있다. 사실 심미적 단계에서 윤리적 단계, 윤리적 단계에서 신앙적 단계로 들어서기 위해서는 최종적으로 '이것이냐 저것이냐'를 택하는 개인의 실존적 '선택'과 '결단'만이 있을 뿐이다.

특히 키에르케고어에 있어 신앙은 무한한 열정을 갖고서 객관적인 불확실성이자 심지어 '역설'(paradox)에 모험을 감행하는 단독자의 내면적 행위를 말한다. 그에게 역설은 신이 인간이 되어 인간의 역사 한가운데 계셨다는 사실 자체를 말한다. "하나님이 인간의 형상을 입고 이 땅에 오셨다는 것은 역사적인 사실이며, 그런 역사적인 것은 역설적으로 구성되어 있다."[39] 나아가 단독자는 단순히 개인을 넘어 대중, 집단, 군중, 다수, 사람들의 무리 등에 반대되는 개념을 뜻하며, 이 땅에서 예수 그리스도의 희생적 삶을 전형으로 삼아 온몸과 온 마음으로 '하나님 사랑'과 '이웃 사랑'을 실천함으로써 '영원적인 것'에 참여하려는 개인을 말한다. 무엇보다 그는 단독자 사상의 최고의 전형을 예수 그리스도에게서 찾는다.

---

39 장호광, "키에르케고어의 철학사상에 있어 동시성의 신학적 의의와 그 적용성," 「신학과 사회」 제34집 2호(2020), 10.

특히 이러한 '진정한 단독자 상(像)'을 예수 그리스도에게서 보았다. 진정한 실존에 들어가기(생성) 위하여 군중과 보편을 거스르며, 핍박받고 조롱당하고 결국엔 자신을 희생하는 길로 나아갔던 예수 그리스도의 실존적 삶의 본을 통해 키에르케고어는 단독자의 모델을 보았다. 이로써 그의 단독자 사상 개념은 정점에 이른다.[40]

이렇듯 키에르케고어의 전체 철학이 '그리스도인 되기'에 초점이 맞추어져 있다면, 그의 관심은 온통 하나님 앞에 홀로 선 단독자에 있었다. "왜냐하면 인간은 참 그리스도인이 될 때, 비로소 신 앞에서 홀로 선 단독자가 될 수 있기 때문이다."[41]

2) 결단과 주체성

키에르케고어의 주체사상에 있어 '결단'은 핵심적인 개념에 속한다. 이것은 그의 대표적 작품인『철학적 단상(斷想)들에 대한 최종적인 비학문적 후서』의 첫 부분의 글에서 찾을 수 있다. "모든 결단, 모든 본질적인 결단은 주체성에 뿌리를 둔다."[42]

오늘날 우리는 주관적인 선호에 따라 모든 중요한 결단을 자발

---

40 심민수, "키에르케고어의 실존적 단독자 사상의 교육적 함의,"「한국교육학연구」제10권 제2호(2004), 8.

41 강영안,『주체는 죽었는가』(서울: 문예출판사, 1996), 154.

42 Sören Kierkegaard, *Abschliessende unwissenschaftliche Nachschrift zu den philosophischen Brocken*, 1.Teil, hrsg. von Emanuel Hiersch (Düsseldorf/Köln: Eugen Diederichs, 1957), 29.

적으로 하지 않고, 자주 입증되는 경험과 심지어 학적으로 입증된 인식을 바탕으로 결단을 내리는 경향이 있기 때문에 주체성에 있어 결단의 뿌리는 견고하지 않다. 그 때문에 비록 특정 상황에 있어 주체성만이 유일한 것은 아니지만, 주체성이나 주관적 지식 또는 주관적 경험에 대한 담론은 종종 사소한 것에 대해 이야기하는 것을 넘어 부수적인 것으로 취급되기까지 한다. 따라서 주체성은 피할 수 없는 것이지만, 극복되어야 할 무엇이라 할 수 있다.

　　여기서 키에르케고어의 전체 철학을 지배하는 개념인 '실존'(existence)의 의미가 드러난다. 즉 키에르케고어에 있어 서로 중재될 수 없는 고유한 성격의 주관적 및 객관적인 사고유형이 존재하지만, 실존은 그런 사고유형 내에서 주관적인 '됨'(becoming) 혹은 '생성'(formation)의 목표를 지향한다. 또한 실존은 단순히 현존하거나 존재하는 무엇으로 이해되는 것이 아니라, 지금 이 '순간', '여기서'의 상황에서 진리와 대면하여 취하는 인간의 태도, 즉 선택의 결단을 뜻한다. 이에 따라 주관성은 양자택일적이며 목표 지향적으로 작용한다. 이런 목표지향성을 갖는 주관성은 개별적으로 끝없는 관심을 유발시키는 진리의 획득을 의미한다. 이에 반해 객관성은 다만 제한된 관심을 끄는 보편적으로 인정된 진리들의 획득 내지 수용을 의미한다. 달리 말해 객관성이 목표지향에 있어 '탈-개별화'가 중요하다면, 주체적 '됨'이라는 목표의 지평에서는 진리 인식의 개별화가 중요하다. 이처럼 키에르케고어는 '신앙의 결단'을 "…기독교의 '객관적' 진리가 주관적 진리로 되어가는 과정으로 표현한다. 심지어 그는 객관적 진리란 결코 존재하지 않으며, 진리는 오직 주관적 실존의 행위에서 해명될 뿐이라고 말한다."[43]

키에르케고어에 있어 주관성과 객관성 사이에서의 이런 긴장이 종교와 신앙의 영역에서도 나타난다. 즉 종교의 영역에서는 객관적인 측면이 드러나지만 명백하지 않으며, 심지어 객관적으로 제대로 파악되지도 않는 의미를 보여줄 뿐이다. 가령 비교종교학의 영역은 대상성의 지평에서 나온 결과로 객관적으로 연구된다. 따라서 계시, 종교 전통, 종교 텍스트, 종교 예술 및 건축, 종교 기관 뿐만 아니라 기도, 신앙심의 다양한 표현양식과 종교적 신앙고백은 의심의 여지 없이 객관적인 고려의 대상들이다.

그러나 종교 자체의 주장과 이해, 즉 본질이 무엇인지는 단순히 전체 범위를 묘사하는 외적인 서술로 파악되지 않는다. 이것은 기도의 예에서 찾을 수 있다. 기도는 인용되거나 분석될 수 있을 뿐만 아니라 말해지기도 하는, 다시 말해 신 앞에서 행하는 기도자의 독백이나 대화이다. 그러나 인용이나 분석은 자신의 주관적 참여와 입장표명 없이도 가능하지만, 신과 대면하여 신에게 말하는 것처럼 기도하는 것은 믿음의 결단을 전제로 한다. 즉 말로 된 기도는 이전의 믿음의 결단에 대한 후속 표현이다. 요약하자면, '믿음에 관한' 진술은 일반화의 가능성과 부합해야 하지만, '믿음으로부터'의 진술은 일반화의 여부에 무관심하다. 따라서 믿음에 관한 진술은 단지 옳고 그름의 문제라면, 믿음으로부터의 진술은 진리나 비

---

43   장호광, "키에르케고어의 철학사상에 있어 동시성의 신학적 의의와 그 적용성," 21.

진리냐의 문제다. 전통, 의례, 건물 및 제도로서 역사적 현상이며 객관적으로 관찰될 수 있는 현상적인 교회와는 달리, 비가시적인 교회는 단순히 신앙인들 간의 상호작용(interaction)으로만 구성되지 않는다. 달리 말해 어떤 사람이 실천하는 그리스도인인지 여부는 현상적으로 관찰되지만, 그가 말하는 기도의 내용을 진정 믿고 있는지, 심지어 그가 실제로 기도하고 있는지 여부는 관찰되지 않는다. 결국 키에르케고어가 여기서 의도한 것은 신앙의 세계는 외적이며 객관적인 현상으로 파악될 수 있는 것이 아니라, 하나님 앞에 선 개별자로서의 관계성을 드러내고자 했다는 점이다.

키에르케고어는 상대성 및 (객관적)불확실성과 더불어 자신을 확실하게 확립할 수 있다는 사실에 주의를 기울이면서, 그 확실성에 있어 결단에 특별히 주목한다. 더 정확하게는 보장된 확신으로 끝을 맺는 결단이 아니라, 매 순간 "새롭게 태어나는 기원"[44]으로 이해한다. 결단은 항상 '지금', '여기서' 현실적으로 새롭게 기원하는 순간의 결단이며, 이전 결단에 의해 미리 정해지지 않은 것이어야 한다. 그런 결단은 순간의 결단으로 확실성의 역설적 형태를 야기시키며, 시간 속에 존재하는 개별자의 영원한 지복에 대한 문제가 결정되며, 역사적인 것으로서 기독교와의 '관계'를 결정지으면서 동시에 이런 확실성을 순전히 기만적인 형태로 이끈다. 왜냐하면 무한성과 영원적인 것은 유일무이한 것이지만 주체 속에 존재

---

44 Sören Kierkegaard, *Abschliessende unwissenschaftliche Nachschrift zu den philosophischen Brocken*, 1.Teil, 78.

하며, 주체의 결단을 통해 영원한 확실성으로서 존재하기 때문이다. 이와 동시에 기만적이며 엄청난 모순이 그것에 내재해 있다. 즉 그 확실성은 기만적이다. 여기서 '기만적'이라는 용어는 남을 속여 어려움이나 궁지로 몰아가려는 부정적 의미로 사용되는 것이 아니라, 불확실성에서 확실성으로, 가능태에서 현실태로 이끄는 초월적 내지 변증법적 추동성을 뜻한다.

키에르케고어가 이해하는 바에 따르면, 믿음의 현상을 관찰한 결과, 결단은 개별적으로 실존에 끊임없이 관심을 갖는 질문, 즉 그것이 기독교와의 올바른 관계에 따라 어떻게 영원한 행복을 얻을 수 있는지에 대한 질문에서 확실성을 추구하고 있음을 보여준다. 이런 확실성은 역사적 진리의 축적이나 역사에 대한 사변적 축적에 의해서도 얻을 수 없다. 믿음의 확실성은 잘 갖춰진 지식에 맞서 주체적인 순간의 결단에서 얻는 '도약'에 의해서만 달성될 수 있다. 그 결단은 긍정적 사실로 받아들여지는 순간 사라지기 때문이다. 따라서 확실성은 결단의 순간에만 존재하는데, 이어지는 모든 결단은 이전 결단과 무관하기 때문이다. 키에르케고어에게 신자의 무조건적인 확실성은 주체적인 결단에 달려있다. 확실성은 역사 속에서 결단에 의해 정해지며 역사적 소여성과의 관계를 통해 정해지기 때문에, 결단 그 자체는 변증법적이다.

3) 주관적 진리

키에르케고어는 역사적인 것과의 관계에서 이루어지는 결단의 맥락에서 먼저 기독교의 객관적인 관찰 방법에 대해 묻고, 나아가 객관적으로 인식하는 주체의 관점과 그 주체의 인식범위에 대해 묻는다. 여기서 객관적인 관찰 방법은 사변적 및 역사적인 관찰 방법으로 기독교를 소여적인 사실로 파악하게 하고, 그것의 진리에 대한 주장은 역사적 및 철학적 검토를 요구하는 사실을 고려한다. 이럴 경우 인식하는 주체는 자신의 인식에 있어 관찰자로서 관심을 보이지만, 개별적이거나 인격적으로 영향을 받지 않는다. 그 주체는 진리를 찾지만 주관적인 진리가 아니라, 객관적인 진리를 추구하기 때문이다. 즉 그리스도인이 되기 위해 노력하지 않는다는 말이다. 키에르케고어에게 실존적인 주체는 자신의 믿음에 대한 분석이나 연구를 진행하는 것이 아니라, 역설적으로 구성된 믿음의 본질에 위험한 모험을 감행하는 자로 여겨진다. 믿음의 주된 특성은 주관적 확신이며 객관적인 불확실성에 있기 때문이다. 신이 인간이 되어 이 땅에서 인간과 함께 동고동락하다가 급기야 십자가 처형에 처해져 자신이 지은 인간의 손에 의해 죽임을 당했다는 사실은 역사적으로나 이성적으로 이해할 수 없는 초월적인 사건이다. 따라서 객관적인 태도에서 믿음으로 전환되는 일은 일어나지 않는다.

또한 인식의 범위와 관련하여 키에르케고어는 역사적 연구가 근사치로서 가장 큰 확실성을 제공한다고 주장한다. 반면 사변을 통해서는 그런 확실성에 도달하지 못하는데, 사변이 역사적 현상의 필연성을 입증하여 역사적인 것으로부터 영원한 진리를 축출하려 할 경우, 진리의 다양한 측면에 대해 지속적으로 기만하기 때문이다. 따라서 객관적 진리에 관한 질문은 역사적 진리에 관한 질문으로써 진리에 어느 정도 접근하는 것처럼 보이지만, 실질적으로는 그것이 접근하는 것만큼 진리에서 멀어진다. 역사적 진리는 그것이 추구하는 진리에 대한 충분한 표상을 가질 수 없기 때문에, 끝이 없고 우연적으로 추동된다. 중요한 점은 믿음의 확실성은 사변적으로 내맡겨진 역사의 필연성에서 비롯된 것이 아니듯이, 근접한 역사적인 진리에서 유래할 수 없다는 사실이다. 따라서 신앙을 통한 진리로서의 계시 획득에 관한 질문은 실존하는 인간 주체에 의해 제기된다.

그렇다면 역사에 있어 사변적인 필연성의 확보가 배제되듯이, 우연적으로 주어진 역사적인 것에서 확실성으로의 전이가 배제된다면, 진리 획득은 어떻게 가능한가? 이에 대한 답은 신앙의 '도약(跳躍)'에서 찾을 수 있다.[45] 도약은 존재하며 무조건적인 '순간의 결단'에서 일어난다. 도약은 단순한 역사적 진리와 믿음의 결단에서 이루어지는 영원한 확실성 사이의 극복할 수 없는 격차를 해소시킨다. 역사적 상대성에서 확실성으로의 전이를 한 장소에서 다른 장소로의 도약으로 이해한다면, 도약은 오해를 불러일으킨다. 역사적 상대성으로부터 얻는 믿음의 확실성은 단회적인 노력이 아니라, 계속되는 노력과 열정에 의해 도달할 수 있다. 이처럼 그리스도인 '됨'은 끊임없는 노력과 열정에 의해 가능하다. 주체적으로 실존하려는 신앙인은 '그리스도인 됨'에 도달하기 위해 자신의 노

---

45 참고. S. Kierkegaard, *Abschliessende unwissenschaftliche Nachschrift zu den philosophischen Brocken*, 1.Teil, 95.

력에 끝을 맺으려는 목표를 세우지 않는다. "아니오, 그는 끊임없이 노력하고, 부정적이든 긍정적이든 지속적으로 존재함으로 보장받는 생성 속에 끊임없이 존재한다."[46] 더 정확하게 말하면, 신앙인은

> 주체의 종합(Synthese)에 기반을 둔 부정성에 끊임없이 주의를 기울이며 끝없이 실존하는 영(Geist)이다. 무한성과 영원한 것만이 유일무이하지만, 그것은 주체 안에 존재하며 현존 속에 존재한다. 이에 대한 첫 번째 표현은 기만성이며 … 무한성 속에 존재하는 기만적인 것에 … 매 순간 죽음의 가능성이 현존한다. 모든 긍정적인 안정감은 이런 식으로 의심스러워진다. … 모든 사람은 실존하는 것에 따라 이런저런 태도를 취한다는 사실을 알지만, 긍정적인 것은 … 그것을 결코 그런 것으로 알지 못한다.[47]

여기서도 주체의 주체성은 실존하는 것에 대한 태도를 어떻게 취하느냐에 따라 상이하게 드러난다. 이것은 사유가 '도약'과 '생성'에 따라 행해질 때에만 가능하다. 사람들이 이 땅의 삶의 불확실성에 대해 긍정적으로 알게 되면, 부정적인 것조차도 긍정적이 되며, 완료된 것은 활력 넘치는 일상 속에서 무시되기도 한다. 사람들이 실존을 사유의 생성 속에서 형성되는 것으로 이해할 경우, 일상의 삶 속에서 무한성의 변증법에 주의를 기울인다. 여기서 변증법은 일반적으로 생각하는 것처럼 무한성과 유한성의 중재운동을

---

46   위의 책, 84.
47   위의 책, 74.

의미하는 것이 아니라, 순간에서 의심을 지나 긍정적 생성에 도달하는 것을 의미한다. 여기서 순간은 주체에 적합한 확실성으로서 주체성에 뿌리를 둔 결단으로 소급되는 것으로 비춰진다.

> 자체적으로 가장 확실한 것은 다음과 같다. 내가 계시를 나에게 적합한 것으로 획득할 경우, 그 계시 자체는 변증법적이다. 모든 것 중에서 그 자체로 가장 확실하게 고정된 것, 즉 신의 존재에 대해 개별성의 무한한 형태로 존재하는 무한 부정적인 결단은 즉시 변증법이 된다. 내가 변증법을 없앨 경우 나는 미신적으로 되며, 매 순간 일회적으로 획득한 것을 유용한 것으로 지속시키는 신을 기만한 것이다.[48]

이처럼 진리는 객관적인 것이 아니라 주관적 진리를 의미한다. 왜냐하면 진리는 고착화되거나 획일화된 객관적인 무엇을 말하는 것이 아니라, 각 개인의 개별적 기질, 성향, 처해 있는 환경 및 여건에 따라 각양각색으로 다가오는 주관적 특성을 갖기 때문이다.

여기서 주의해야 할 점은 키에르케고어가 진리의 주관성을 강조한다고 해서 객관적으로 존재하는 진리 자체를 부인하거나 무시한 것은 결코 아니다. 그가 강조하고자 한 것은 객관적인 사실로서의 진리를 개별자가 처해 있는 상황, 환경 및 여건을 고려하지 않고 관념적으로 개념화하여 명제적으로 수용하는 데서 오는 위험성이다. 키에르케고어가 살던 당시뿐만 아니라, 오늘날의 교회에서

---

48 위의 책, 31.

도 이런 모습을 발견할 수 있을 것이다. "왜냐하면 초대교회를 제외한 대부분의 역사에서 나타나는 교회의 실존적인 모습과 개개 그리스도인의 삶은 도그마(dogma)에 갇힌 채 형식적이며, 권위적이며, 사회에 아무 영향을 미치지 못하는 화석화된 형태로 비춰졌기 때문이다."[49]

결국 키에르케고어가 여기서 드러내고자 한 요점은 하나님 앞에 선 단독자로서 그 진리에 어떤 태도를 취하며 어떤 관계를 맺느냐에 있다. 이뿐 아니라 사유와 존재가 일치하는 것은 인간의 실존이 지속되는 한 이룰 수 없는 이상으로 머물러 있다. "그 이유는 진리가 사고와 존재의 일치를 이루지 못하기 때문이 아니라, 지식자(knower)가 생전에 사고와 존재가 일치되는 진리를 이룰 수 없는 개인이기 때문이다."[50] 뿐만 아니라 진리로서 신은 인간에게 객체로서 인식되는 대상이 아니기 때문이다. "신은 인간에 대해 객체일 수 없기 때문에 신은 주체이다. 여기서 신이 주체라는 것은 인간을 위해 단순히 객체일 수 있는 것과는 질적으로 상이하다는 것을 뜻한다. 신은 학문적 진리의 한 영역으로 존재하지 않는다."[51]

4) 주체화로서 간접전달

진리의 정형화 내지 고착화의 위험은 개인의 실존적 상황에서

---

49   장호광, "키에르케고어의 철학사상에 있어 동시성의 신학적 의의와 그 적용성," 26.

50   심민수, "키에르케고어의 실존적 단독자 사상의 교육적 함의," 19.

51   장호광, "키에르케고어의 철학사상에 있어 동시성의 신학적 의의와 그 적용성," 13.

획득한 주체적 확실성을 다른 사람에게 직접 전달하려는 모든 시도에서 분명해진다. 이런 신앙적 확실성에 이르는 길을 단축시키기 위한 의도로 어떤 사람이 주체적으로 확신하는 어떤 것을 공유하려 한다면, 전달하는 사람과 마찬가지로 전달받는 사람을 속여 주체성에 기반을 둔 신앙 결단의 가능성을 가로채는 결과를 초래한다. 물론 공유된 확실성은 그것을 가르치거나 배울 수 있는 신앙 체계를 위한 토대를 제공하며, 지식과 방법을 축적시키는 긍정적인 역할도 고려해 볼 수 있다. 하지만 종교적으로 실존하는 주체들의 다양한 삶에 있어 진리는 객관적이거나 보편적으로 존재하지 않으며 주체적 획득을 통해 점유된다. 때문에 신과 한 인간의 관계는 지극히 내면적이며 비밀에 싸여 있다. 이에 대해 키에르케고어는 다음과 같이 말한다.

> 직접적인 전달은 하나님에 대한 기만이며(신이 진리에 있어 다른 것을 숭배하도록 기만할 수도 있음), (한 실존자로 존재하기를 멈추는 것처럼)자기기만이며 속임수라고 말한다. 그것은 다른 사람에 대한 기만이며 그의 모든 생각에 모순되는 기만이다. 이것을 다시금 직접적으로 진술하는 것은 진술의 모든 이중 반영에도 불구하고 직접적인 형태를 취하기 때문에 모순이 될 것이다.[52]

그러므로 자신의 신앙적 확실성을 직접적으로 전달하려는 시도

---

52   S. Kierkegaard, *Abschliessende unwissenschaftliche Nachschrift zu den philosophischen Brocken 1. Teil, 67.*

에는 두 가지 문제가 발생한다. 전달자 측면에서 보자면, 주관적인 확실성의 전달은 전달받는 자의 변화를 포함해 사회성과 공동체를 염두에 두지 않고서 영원적인 것을 얻게 하려는 시도이자 이 같은 사실을 다른 사람에게 전달하려는 시도다.[53] 이것을 전달받는 자는 확실성에 이르는 편안한 길이 자신에게 고지(告知)되지만 자신의 결단에 방해받게 된다.[54] 따라서 외부로부터 결정된 낯선 확실성은 자신의 내면적 자기 결단에 방해를 일으킨다. 이런 지적은 진리로서 계시의 말씀을 대언하는 목회자의 말에 무조건적으로 '아멘' 하고 수용하는 획일화된 직접 전달의 형태가 한 예에 해당할 것이다. 이처럼 "직접적인 의사전달은 내용을 전달받은 사람이 받은 내용을 언어적으로만 전달받음으로 인해 주체적 판단이 결여되고 전달 내용이 실존적으로 삶 속에 반영되지 못하는 결과를 가져온다."[55]

그러므로 주관적인 것을 전하려는 전달은 '간접적인' 전달의 형태에서만 가능할 뿐이다. 즉 주체성에 기반을 둔 자신만의 고유한 결단에 이르게 하기 위한 전달이어야 한다. 간접적인 전달은 청취자로 하여금 현존의 부정성에서 재도약할 수 있는 실존의 형태를 추구하게 한다.[56] 따라서 긍정적인 확실성을 전한다는 오해를 피하기 위해 전달의 형태에 주의를 기울이는 것이 중요하다. 간접적인

---

53   위의 책, 65.

54   위의 책, 77.

55   심민수, "키에르케고어의 실존적 단독자 사상의 교육적 함의," 20-21.

56   S. Kierkegaard, *Abschliessende unwissenschaftliche Nachschrift zu den philosophischen Brocken 1. Teil*, 75.

전달은 언어를 통해 형성된 객관적인 진술을 저지하게 하는 한편, 실존적인 신앙의 결단에 의한 진술을 촉진시키는 역할을 함으로써 진리를 바르게 전달하게 한다. 그러므로 간접적인 전달은 이해할 수 없는 광인의 말 같은 형태일지라도 내용에 주의를 기울여 자신의 고유한 실존적인 정황에 구체적으로 적용하는 자에게 전해진다. 따라서 그런 전달의 이해할 수 없음이나 모호함은 해결해야 할 결함이 아니라, 다른 사람에게 신앙적 도약을 불러일으키는 요인으로 작용한다. 시·공간에서 객관적으로 제공된 모든 것은 자신의 결단에서 확실성과 주체적인 의미를 갖게 한다. 키에르케고어는 이런 맥락에서 사랑하는 부부의 내면적 사랑에 그 어떤 외적인 것이 방해를 일삼는다 할지라도 그 사랑을 깰 만큼 타격을 주지 못한다고 주장한다.

> 그들 부부는 외적으로 분명하게 표현되어 있으며 … 현존 속에서 하나의 현상을 형성한다. 그러나 그들 부부는 역사적 현상이 아니다. 현상적인 것은 무의미한 것이며, 배우자에게는 사랑을 통해서만 의미가 있다. 다르게 보여지는 것(즉 객관적으로 보여지는 것)은 현상적인 기만일 뿐이다.[57]

키에르케고어가 여기서 밝히고자 한 요점은 인간이 주관적인 의미를 얻으려면, 자신에게 객관적으로 마주치게 되는 모든 것을 결단을 통해 내면화해야 한다는 점에 있다. 외적인 측면은 객관화

---

57 위의 책, 50.

되어 있으며, 그것의 현상에 있어 객관적으로 파악될 수 있을 뿐이다. 반면 획득의 내적 측면은 행위자 자신만이 접근할 수 있으며, 역사적이지 않기 때문에 순전히 주관적이다. 그 내적 측면에서 행위자 자신의 행위에 대한 의의가 결정되고, 그것 안에서 자신이 해명된다. 획득은 현상적으로 드러날 수 없지만, 부부가 사랑으로 맺어진 '공속' 관계라는 사실에 주의를 기울인다면 명확하게 공유될 수 있다. 키에르케고어에 의해 인용된 예에서 얻는 의미는 역사적인 현상으로 드러나지 않는 내면화된 부부 간의 사랑이다. 이렇듯,

> "간접전달은 구원의 진리가 주체의 내면을 형성하는 주체적인 지식으로 수용되도록 하려는 의도 속에서 사용된 방도이다. 키에르케고어가 '어떻게 그리스도인이 되는가?' 하는 문제를 실존적으로 답함에 있어 그가 사용한 가장 중요한 방도가 바로 간접전달이었다."[58]

지금까지 국내 교회의 고질적인 병폐로 자리 잡은 목회자의 제왕적 질서 구조에서 벗어나기 위한 신학적 토대 다지기를 위해, 먼저 목회자와 평신도 간 위계적인 구조의 역사적 배경이자 원인인 "성직주의"와 "교권주의"를, 다음으로 종교개혁 운동의 주된 사상이자 목회자와 평신도 간 수평적 관계의 핵심적인 신학사상인 '만인제사장직'을 제시했으며, 철학적 토대로는 키에르케고어의 주체사상인 하나님 앞에선 '단독자' 개념을 제시했다. 무엇보다 루터

58　심민수, "키에르케고어의 실존적 단독자 사상의 교육적 함의," 19-20.

의 '만인제사장직'을 통해 깨닫는 것은 목회자뿐만 아니라 평신도는 이 땅에 하나님 나라를 세우기 위해 역할과 기능, 즉 직무에 있어서만 구별될 뿐이지 신분에 있어서는 동일한 양떼로서 차이가 전혀 존재하지 않는다는 사실이다. 또한 키에르케고어의 주체사상을 통해 알게 된 것은 모든 그리스도인은 하나님 앞에 홀로선 단독자로서 목회자를 비롯한 타자에 의해 자신의 신앙세계를 확립하는 것이 아니라, 철저히 독립된 개별자로서 스스로 신앙의 길을 개척하고 정립해 나가는 신앙적 창발성(創發性)을 요한다는 점이다.

따라서 이제 우리는 목사의 설교에 목매달거나 의존하는 신앙의 수동성에서 탈피해 스스로 주체 의식을 갖고서 능동적으로 자신의 신앙세계를 펼쳐가야 할 것이다. 목회자의 힘에 의해 움직여지는 것이 아니라, 자신의 생각과 행위를 스스로 판단하고 결정할 수 있어야 한다.

IV

내면의 주체에서
연결하는 주체로[*]

* 본 4부의 전체 내용은 저자의 다음의 책 내용 중 상당 부분 발췌하여 수정·보완하였음을 미리 밝혀둔다. 장호광, 『상호주체성과 기독교윤리학』(파주: 한국학술정보, 2021). 26-64; 92-116; 119-47; 171-98; 296-323; 385-414.

✦ ✦

　　　　　지금까지 목회자의 권위나 주체성에 의
존하거나 포섭되는 것이 아니라, 철저히 하나님 앞에선 '단독자'로
서 그리스도인의 주체적 신앙 확립을 통해, 특히 코로나19 이후 사
회적 신뢰도가 현격히 떨어지는 현 국내 교회의 위상을 다시 회복
함과 동시에 재도약할 수 있는 발판을 마련할 목적을 갖고서 본서
가 출발하였다. 이제 이어지는 4부에서는 "내면의 주체에서 연결
하는 주체로"라는 제목으로 "주체성" 개념에 천착해서 그것이 의
미하는 바가 무엇이며, 국내 그리스도인의 주체적 신앙 정립을 위
해 어떤 의의 및 중요성을 갖는지, 그 적용성에 중점을 두고 전개
해 볼 것이다. 이를 위해 먼저 개별적 자아의 "내면의 주체"를 시작
으로, 그런 자아의 내면성의 문을 열고 바깥으로 나와 다른 자아들
과의 관계에서 주체를 정립하는 '서로주체성'으로 방향을 돌려 다
각적으로 주체성 담론을 펼쳐볼 것이다.
　　사실 '주체성'은 종교적이거나 신학적인 전문용어라기보다 인

식론을 포함해 인간의 일상적 삶에 적용되는 철학적 개념에 가깝다. 이런 용어 사용은 다양성을 통해 어원적 개념의 불명료성을 피할 수 없다. 따라서 그 개념에 대한 명료한 이해를 위해 무엇보다 철학에 기대어 그 의미를 모색해 볼 것인데, 주체성의 일반적 개념과 구별하여 신앙적인 개념으로까지 변용하여 그 의미를 확대해 나갈 것이다.

물론 본 4부는 그리스도인의 주체적 신앙 확립에 우선적으로 맞추어져 있지만, 이런 영적 영역을 넘어 대립과 갈등(특히 젠더, 계층, 이념 및 세대), 혐오, 분노로 얼룩진 현 국내의 사회적 영역으로까지 그 범위를 확대해 적용해 볼 것이다. 주체성 정립은 근본적으로 개별적이면서 동시에 그 개별자가 속한 공동체의 사회, 문화, 정치 등에 영향을 주고받는 '더불어 삶'에서 형성되기 때문이다. 따라서 교회의 영적 영역과 사회적 영역은 의미적으로 구별할 수 있을 뿐이지, 실제로 서로 맞닿아 서로 간의 상보적 관계에서 존속한다. 따라서 그리스도인의 주체적 신앙을 바로 확립하여 교회 본래의 모습, 즉 사회변혁의 주체 세력으로 회복하려는 데 주안점을 두고 전개해 갈 것이다.

1. 내면의 주체

여기서 "내면의 주체"란 진리 인식 및 행위의 토대를 자아 바깥인 대상적 존재에서 찾는 것이 아니라, "사유하는 존재"로서 자아의 내면에서 찾는 것을 뜻한다. 근대 이전 전통 철학, 특히 전통 존재론에 있어 대상적 존재가 사유를 이끌어가는 주도적 역할을 하면서 인간의 사유를 조정하고 규정하려 했다면, 근대에 이르러서는 역으로 사유가 존재를 규정하고 조정하고 축소 내지 확장시키는 '앞섬이' 역할을 했다. 근대에 있어 외적 대상의 진리 여부는 존재 자체가 아니라, 그것을 인식하고 판단하는 인간의 사유 활동으로 결정된다. 진리의 진리성은 인간 내면의 주체에서 결정되기 때문이다. 무엇보다 이런 자아의 내면에서 주체성의 토대를 구축한 자는 근대 철학의 선구자이자 서구 계몽주의 탄생에 결정적인 영향을 끼친 프랑스의 르네 데카르트(Rene Descartes, 1596-1650)이다.

오늘날의 주체성에 대한 사유는 전통철학이 주장해온 주체철학의 전제들을 뒤집는 것에서 출발한다. 주로 1960년대 이후 프랑스에서 진행되어온 사유의 혁신은 전통철학의 주체이론에 대한 비판을 통해 새로운 주체성을 사유하려는 움직임이었다고 할 수 있다. 그런데 전통철학에 있어 주체는 사유의 전제이자 출발점으로서 이후의 철학적 핵심 개념이었다. 데카르트는 '생각하는 나'를 근원적인 확실성으로 보고 그것에서 출발하여 자신의 철학을 구성했고, 칸트는 대륙의 경험론과 전통 형이상학의 조화와 균형 잡힌 시각을 갖고서 자신의 철학을 통일적인 것으로 구축했다고 평가받는다. 또한 헤겔에 있어서는 절대정신으로서 신의 자기 전개 과정이 인간의 '자의식'(self consciousness)에서 펼쳐짐으로써 모든 지양의 과정을 이끌어가는 절대적인 동력이다. 이 모든 철학적 사유에서 주체는 철학을 구성하는 결정적인 역할을 하고, 이를 통해 주체는 모든 인식과 실천 과정의 중심을 차지한다. 결국 이러한 주체는 전통철학의 사유를 보편성 및 동일성의 원리가 지배하는 사유로 만들었다.

그런데 문제는 바로 이 지점에서 발생한다. 전통철학이 열망하는 진리는 보편적인 동일자의 생산이고, 이를 통해 보편적인 동일성은 '옳은 것'의 지위를 점하게 된다. 그럼으로써 동일자와 다른 '타자'는 보편적인 것에 대비되는 비(非)보편으로 간주된다. 이는 가치의 문제와 직접적으로 연결되는 대립을 만들어 낸다. 과학적인 것과 비과학적인 것, 합리적인 것과 비합리적인 것, 효율적인 것과 비효율적인 것, 나아가 서구와 비서구, 문명과 비문명, 남성과 여성 등의 대립은 다분히 구분을 통한 배제의 양상을 드러내는 대립이라 말할 수 있다. 결국 이는 보편적 일자(一者)의 지배를 가능하게 하는 동일성에 바탕을 둔 철학적 구성이다. 이런 동일성을 지향하는 주체철학은 "내가 생각하다"의 뜻의 '코기토'(cogito)에서 그 근거로 삼는 데카르트, 절대정신으로서 신의 자기전개가 인간의 자의식에서 펼쳐지는 헤겔의 주체사상에서 그 정점을 보게 된다. 따라서 신 인식, 확실성 및 행위의 기반을 인간의 주체적 내면에서 찾는 데카르트와 헤겔을 중심으로 본 장이 펼쳐질 것이다.

여기서 데카르트와 헤겔을 특별히 소환한 이유는 신앙은 종교지도자를 비롯해 또 다른 영적 권위를 가진 제3자에 의해 형성되는 것이 아니라, 철저하게 하나님과 개별자와의 밀접한 관계와 소통에서 이루어지는 당위성을 강조하려 하기 때문이다. 특히 헤겔에 있어 절대정신으로서 신과 개별자로서 인간의 접점은 '이성'에 있으며, 개별적 주체의 '자의식'을 통해 신의 자기 전개가 이루어져 신앙은 오직 신과 개별자와의 만남과 관계에서 형성·발전한다. 따라서 본 장에서는 데카르트와 헤겔을 등장시켜 근대의 주체사상이 형성되는 경로를 탐색해 볼 것이며, 나아가 이런 주체사상이 그리스도인의 주체적 신앙의 정립 과정에 어떤 영향을 미치며 관련이 있는지 또한 살펴볼 것이다.

1) 의심에서 확실성으로

데카르트는 '생각하는 나'의 존재를 진리를 향한 인식을 위한 최초 확실성의 지반으로 삼아야 한다고 생각했다. 의식을 주체와 연결하는 데카르트의 명제는 '코기토'라는 단어로 압축된다. 따라서 코기토란 인간이 지닌 고유한 인식 능력, 즉 오늘날 우리가 사용하는 의미에서의 '이성'을 뜻한다. 근대에 들어 이성의 개념이 로고스(logos)에서 코기토로 전환된 것은 다른 어떤 권위에도 의존하지 않고 오직 자신의 내적 능력에 따라 사고하고 판단하는 주체의 출현을 뜻하는 것으로써 그 자체가 근대성의 중요한 표현이 된다. 따라서 데카르트는 계시에 의존했던 중세와는 달리 신의 존재를 인간 주체의 직접적인 자의식을 통해 논리적으로 입증하려 했다. 그에게 신 존재의 확실성은 중세의 사람들처럼 처음부터 당연한 것이었다. 그러나 그들과는 달리 그는 신의 존재를 외부에서 일방적으로 주어지는 '계시'에서가 아니라, 인간 내면에 자리 잡은 주체로서 이성적 '추론'을 통해 입증하고자 한다. 이 점에서 그가 본래 의도한 것은 인간 주체를 통한 '신의 존재 입증'이었다. 데카르트는 신이 존재하는 한에서 명석 판명한 진리가 존재할 수 있다고 주장하여 중세적인 사고를 유지하려고 하였으나 실제로 한 것은 바로 인간 중심적으로 신의 존재를 입증하여 근대의 주체 중심적인 사고를 열었다.

근대 철학에 있어 진리란 논쟁의 여지가 없어야 하며 명증적으로 인식되어야 한다. 그러나 인식은 우리의 일이며, 진리와 진리를 인식하는 것에서 인간은 '주체'로 여겨진다. 우리말 사전에 따르면, 주체를 "사물의 주된 부분이나 중심이 되는 것, 또는 사물의 작용이나 어떤 행위의 주가 되는 것, 객체에 대한 주관으로서의 자아, 곧 객체에 대하여 행위나 작용을 끼치는 것"으로 주체성을 "자기의 의지나 판단에 바탕을 둔 태도나 성질"로 규정한다.[1] 이에 덧붙여 주체는 객체와 구별된 개체 내지 개별성으로 무엇으로 환원될 수 없는 것, 어떤 다른 무엇으로 대치될 수 없는 것, 더 이상 분할되거나 쪼개질 수 없는 것을 뜻한다. 이런 개체 개념에 '주체'라는 개념으로 대치시킨 자가 아리스토텔레스(Aristoteles)다. 그는 이런 개체를 언표(言表)적으로는 술어와 대비되는 '주어' 내지 '주체'로, 존재론적으로는 속성으로 드러난 '실체'로 표현한다. 따라서 주체는 존재하는 모든 것을 근거 지우며 (진리)인식의 토대이자 행위의 출발점이다. 이런 주체 개념에 충실한 데카르트에 있어 "내가 사유하다"의 명제가 우리의 확실성과 진리의 토대이며, 사유 이외 어떤 것도 자명한 존재로 간주될 수 없다.

---

1   최태경 외, 『새국어사전』(서울: 두산동아출판사, 2007), 2148.

데카르트는 중세의 형이상학적 위기를 극복하려고 시도했지만, 이 시도에서 현상의 '시간 구조'를 방법론적 차원에서 간과했다. 개념, 판단 및 추론을 통한 대상에 대한 인식이 시·공간적 환경과 여건을 배경으로 하는 상황을 무시한 채, 영원한 형식으로 작용한다는 것을 오늘의 시각에서 본다면 정당한 것으로 인정되기 어려울 것이다. 그럼에도 개별적 주체성의 정립이 요원한 당시, 데카르트의 '코기토'(cogito) 사상은 시대적 요청이라는 점에서 어느 정도 정당성을 갖는다. 즉 데카르트의 주체 중심적 사상은 타자 혹은 대상을 차별화하고, 심지어 억압하고 폭력을 행사하는 근거로 작용한 것으로 이후 세대 학자들에 의해 비판받았지만,[2] 반면 당시 권력을 가진 소수의 주체성에 포섭되어 음지에 가려진 개별적 주체성이 드디어 양지로 나와 개별적 목소리와 권한 행사가 가능해진 단초와 발판을 마련했다는 점에서 높은 평가를 받을 수 있을 것이다.

데카르트에 의하면, 의식과 경험의 관계에 있어 모든 경험을 이해할 수 없는 것은 직접적으로 주어진 것을 명확하게 파악하기가 어렵기 때문이며, 대부분의 경험이 경험하는 자의 선호 내지 애호에 지배당하기 때문에 최소한의 것만 인식할 수 있다. 그 때문에 선호 내지 애호는 바른 인식을 모호하게 하는 표상(Vorstellung)에 지나지 않는다. 따라서 논쟁의 여지가 없는 자기 경험은 여전히 모

---

2 특히 마르틴 하이데거에 의해 비판받는다. "달리 말해 현대의 이성은 현실을 관조하는, 현실의 소리에 귀 기울이는 수용적 이성이 아니라 현실을 지배하고 자기의 욕구에 따라 마음껏 이용하는 능동적 이성 혹은 권력의 이성이고, '주체'는 다름 아닌 권력 이성의 형이상학적인 표현이다." Martin Heidegger, "Wissenschaft und Besinnung," in: *Vorträge und Aufsätze* (Neske, 1978), 41-66. 참조, 강영안, 『주체는 죽었는가』, 77에서 재인용.

호하고 혼란스럽다. 이를 통해 데카르트가 얻은 결론은 인간과 사물과의 관계에서 획득한 자기 확신이 주체가 개념적으로 명확한 지식을 얻기 전까지는 충분하지 않다는 점이다. 즉각적 경험에서 형성된 통일성은 반드시 회의와 성찰의 과정을 거쳐 '확실성'에 이르기까지 다듬어져야 한다. 데카르트에게 '확실성'은 진리의 본질을 규정하는 요소이기 때문이다.

그렇다면 그가 말한 확실성은 어떤 의미로 이해되는가? 그에게 확실성은 산술학과 기하학에 기반을 둔 합리적인 확실성이다. 그러나 그런 명증적인 확실성에 이르기 위해서는 우선적으로 의심과 마주한다.[3] 그에게 의심은 확실성에 도달하기 위한 핵심적인 방편이다. 의심의 되풀이되는 과정을 지나 마침내 의심할 수 없음의 확실성에 이르게 된다. 이처럼 의심은 확실성에 향해 있으며, 이런 확실성은 그런 구상을 가능하게 하는 기초위에 든든히 서 있다.

하지만 데카르트에 있어 의심은 궁극적으로 측량할 수 없는 신을 향해 있다. 이렇게 데카르트의 의심은 신을 배경으로 한다. 그렇다면 그에게 '참된 신'은 어떤 존재인가? 그에게 신은 이 세상에서 확실성의 기반이 되는 '필연성'을 지닌 신이다. 부언하면 그 신은 흔들리지 않는 확실성의 근간이며, 인간의 사유 안에서 '내적 관념'으로 간주된다. 이에 따라 신은 증명 가능한 신을 말한다.[4]

그런데 데카르트에게 의심은 초대 교부신학자인 어거스틴

---

3   C. Link, *Subjektivität und Wahrheit -Die Grundlegung der neuzeitlichen Metaphysik durch Descartes-*, (Stuttgart: A. Oeschlägersche Buchdruckerei, 1978), 98.

4   참고. 위의 책, 103.

(Augustin)과 다를 바 없이 인간의 불완전함과 유한성의 증거이자 반박될 수 있다. 그러나 재도약의 가능성으로서 의심은 항상 존재하며, 우리 존재의 유한성을 조성하는 신과 사람 사이의 균열을 설정한다.[5] 특히 성찰에 있어 경험의 길은 의심의 길이다. 그것은 더 큰 확실성을 위한 새로운 경험으로 이어지며 더 나은 발전의 길이다. 그러나 여기서 데카르트가 세운 '규칙'에 좌우되는 발전은 사실 부정적이다. 두 번째, 즉 나중에 얻은 경험은 이전 경험에서 획득한 지식을 고양시킨다. 이 부정성과 함께 경험의 개념에 새로운 기회가 찾아온다. 왜냐하면 내가 먼 거리에서 둥글다고 생각한 탑이 가까이에서는 사각형으로 보이는 기만을 규정하기 때문이다. 물론 그런 기만은 보다 정확한 관찰을 통해 수정된다. 성찰을 통한 새로운 경험은 감각적 판단이 기만적이라는 광범위한 지식을 깨닫게 한다. 그런 방식으로 경험을 발전시킬 수 있는 부정의 원칙이 바로 '의심'이다. 의심은 '성찰하는 관조'로 시작하여 원초적인 자연적 의식의 상태로부터 철학적 의식으로 나아가게 한다. 진리에 대한 연구는 직접적으로 주어진 감각적인 확실성에 대한 비판으로 시작한다.[6] 그러나 감각의 단순한 기만으로는 이러한 비판을 정당화시킬 수 없다. 비록 감각이 때로 우리를 기만하여 판단을 정당화시키지만, 이 판단은 특별한 (감각)경험에 대한 진술이 될 정도로

---

5 위의 책, 136.

6 R. Descartes, *discours de la méthode-Von der Methode des richtigen Vernunftgebrauchs und der wissenschaftlichen Forschung*, hrg. von Christian Wohlers, (Hamburg: Felix Meiner, 1964), 18.

통찰력을 제공하지 못하며, 또 그 자체로는 명백히 신뢰할 수 있는 경험을 진술하지도 못한다.

이렇듯 의심은 경험하는 주체에 의해서만 수행될 수 있는 탁월한 인간 경험의 한 방법이다. 따라서 의심은 의심하는 주체를 '순수하게' 드러낸다. 의심에서야 비로소 경험하는 자신이 확실해지며, 그가 여기서 확실해지는 것은 자신의 본질적인 주체적 존재를 사유 활동인 '의식'이라 칭한다. 물론 감각적으로 중재된 경험은 의식을 동반한다.[7] 여기서 경험하는 의식이 자기 자신에게 향하게 하여 "자신을 사유하는 것(se cogitare)"을 본래적인 것으로 경험하게 하고, 자기 자신으로부터 밝혀진 진리를 경험하게 한다. 데카르트에게 명증적인 것은 의식이 스스로 파악하는 이 '지각(perceptio)'의 명확성과 의미에 대한 필연적인 척도를 갖는다는 점이다.

인식 자체가 명확하고 확실하다면 '명증적'이라 할 수 있다. 그런데 인식은 나 바깥에 현존하는 대상에 관한 인식일까? 의심스러운 존재로서 대상들이 내가 나 자신을 파악한 방법에서 벗어나 있을 경우, '명증'에 대해 말할 수 있는가? 그러나 이러한 대상들이 존재한다. 그러나 여기서 확실한 것은 우리가 사물로 인해 자신을 속이게 하는 것은 있을 수 있지만, 그럼에도 속이게 하는 것을 인식할 수 있다는 것은 부인할 수 없다.

이제 추정적 인식이 아니라, 참된 인식에 관해 말할 수 있는 "진

---

7   슐츠(W. Schulz)는 "자아 분리"의 문제를 관념주의의 고유한 난제로 지적했다. cf. W. Schulz, "Der Gott der neuzeitlichen Metaphysik, Pfullingen," in: *Philosophische Rundschau* 12:161(1964), 26.

리의 경계"(limites veritatis)[8]가 데카르트의 두 번째 성찰에서 잘 알려진 "밀랍"의 사례에서 다루어진다. "성찰 I"의 첫 번째 단계에서 성찰은 끊임없이 변하는 감각적 인상에 '원초적으로' 질적인 것, 즉 확장, 형태 및 운동을 첨가함으로써 밀랍의 다양한 형태의 변화가 개념적 토대와 관련되어 있음을 보여준다. 밀랍은 밀랍 자체이기를 포기하지 않고서 확장, 형태 및 운동에 헤아릴 수 없는 변화가 가능하기 때문이다. 그것은 개별적 형태도 아니요, 다양한 형태도 아닌 밀랍의 자기 '동일성'의 덕택이다. 그렇지 않다면 그것의 일련의 변화는 원칙적으로 가능할 수 없으며, 때문에 가시적인 표상 속에 있는 밀랍의 동일적 본질은 온전히 파악되지 않는다. 그러므로 밀랍이 자체의 일치와 동일성에서 파악되는 것은 오직 우리의 '사유'에서다. 사유를 통한 바라봄은 동일한 것의 표상의 변화 속에 머물러 있는데, 이는 사유 자체로서 정신의 통찰에 속해 있기 때문이다. 이렇게 데카르트는 우리의 대상에 대한 인식의 경계를 '지각하는 사유'(perceptio mentis)에서 가지며, 동시에 그것은 우리에게 획득된 사물의 진리의 경계를 의미한다.[9]

이처럼 밀랍은 더 이상 자체로부터 지속적인 특성과 변하는 상태를 기초로 하는 그런 존재가 아니다. 그것이 관계하고, 그 관계를 인식하고 설명할 수 있는 특성을 제공해주는 근거는 '인간의 정신'(mens humana), 즉 표상하고 파악하는 자아다. 하이데거의 표현

---

8   R. Descartes, *Meditationes de prima philosophia. Meditationen über die Grundlagen der Philosophie*, hrg. von Christian Wohlers, (Hamburg: Felix Meiner Verlag, 2008), 29

9   참고. 위의 책, 31.

을 빌려 소개한다면, 인간 자신은 "존재하는 것 내에서 주체가 된다."[10] 이런 주체가 주체성을 형성시키며, 존재하는 것을 드러내고, 진리에서 인식될 수 있는 '경계'를 계속해서 규정한다. 그러므로 모든 인식에 있어서와 마찬가지로 밀랍에서 경험하는 것은 나 자신과 동일시되는 주체로서 '자아'이다. 따라서 '진리의 경계'는 나 자신에 관한 나의 표상, 즉 "지각의 성찰하는 구조"를 통해 알게 된다. 우리가 진리 안에서 사물을 파악할 수 있는 지평은 자아의 통각(統覺)에 의해 개방된 영역이다. 명확한 인식의 가능성은 주체의 자기인식에 대해 명확하게 설정된 영역으로 제한된다.[11] 이렇듯 데카르트에게 명증성의 원리는 "cogito, ergo sum"(나는 생각한다. 그러므로 나는 존재한다)의 확실성에서 실제적 근거를 갖는다.

2) 신 존재증명

모든 철학이 신의 존재에 대한 존재론적 증명을 중심으로 형성되었다는 아도르노(Adorno)의 주장은 근대 사상을 대표하는 데카르트에서 그 증거를 찾을 수 있다.[12] 그러므로 여기서 신의 존재증명에 내재된 문제는 단순히 토론을 위한 것이 아니라, 진리의 확실성에 관한 질문과 관련한 것이다.[13]

---

10 M. Heidegger, *Holzweg*, (Frankfurt a.M.: Klostermann, 1957), 85.

11 R. Descartes, *Meditationes de prima philosophia*, 160.

12 cf. T.W. Adorno, *Negative Dialektik*, (Frankfurt a.M.: Suhrkamp, 1966), 376.

13 참고. D. Henrich, "Der ontologische Gottesbeweis," *Gregorianum* Vol.42. No.3(1961), 583-586.

데카르트의 신 존재증명에 관한 체계는 다음 규정에 의해 구성된다. "cogito, ergo sum"에서 "내가 사유하다"는 확실성이 나에게 주어지지만, 그러나 "내가 무엇을 사유하는지"에 대해서는 나에게 아무것도 보장된 것이 없다. "내가 사유하다"는 것과 "내가 무엇을 사유하는 지"에 대한 차이가 좁혀져야 한다. 이것의 진가는 존재론적 신 존재증명의 방법으로 진리에 도달할 수 있는지에 달려 있다.

데카르트는 진리의 확실성을 위해 선험적으로 주어진 가장 지고하고 완전한 본질, 즉 신에 그 근거를 세우는데, 이는 신이 내가 확실하고 명확하게 파악한 것에서 나를 기만하는 것을 불가능하도록 나를 지었기 때문이다. 이렇듯 데카르트는 신의 존재를 선험적으로 전제한다. 그에 따르면, 신에 대한 이념은 나 자신의 '이념' 안에 존재하고, 신의 실존은 나 자신의 실존 속에 필연적으로 포함된다. "이런 증명의 전체 힘은 만약 신이 실제로 실존하지 않는다면, 나에게 고유한 본성과 더불어 나 자신이 실존하다는 것은 불가능할 것이라는 인식에 있다."[14] 따라서 데카르트에게 신의 존재증명은 사유와 인식하는 주체의 근거이자 진리에 대한 근거로서 의미를 갖는다.

그러므로 데카르트는 "내가 사유하다"는 의식을 신 존재증명의 출발점으로 삼는다. 그는 그런 증명을 감각세계에 있는 가시적 질서 내지 그 질서에 영향을 미치는 원인들의 결과로부터 끌어오는 것이 아니라, 나 자신의 현존이 그 증명에 토대를 이루며 내가 '사

---

14   R. Descartes, *Meditationes de prima philosophia*, 51.

유 실체(res cogitans)'일 경우에만 그것이 가능한데, "그럴 경우 나는 나머지 표상들과 나란히 가장 완전한 본질에 대한 이념의 현존적 존재를 내 안에서 알아차린다."[15] 그러므로 데카르트에게 신 존재 증명의 기초는 절대적으로 정해진 개념에 있는 것이 아니라, 이런 개념을 현실적으로 생각하는 '의식'에 있다.

그러나 사유가 참된 사유이기 위해 우리의 이념과 개념이 최소한 가능한 것으로 전제되어야 하는 실존은 단지 "내가 사유하다"는 확실성으로부터 밝혀지지 않는다.[16] 때문에 사유와 논리학에 대한 진리 주장은 '사유 실체'와 '연장 실체'에 대한 분리의 토대에서 그 가치가 정립될 수 있는데, 이것은 인식이 인식된 것의 진리를 위해 인식된 것 외부에서 절대적 신뢰성을 갖춘 규정의 근거와 관계한다.[17] 그러므로 데카르트의 신 존재증명은 "내가 사유하다"는 의식의 지평에서 감각적으로 중재된 '객체'에 대한 직관의 손실을 회복시키는 기능을 갖는다. 즉 그것은 '형식적인' 실재성에서 실체에 관한 객관적 실재성의 근거를 밝히는 것을 의미한다.[18] 때문에 신 존재증명의 논리는 그것의 증명 근거를 밝히는 존재론적 논증에 달려 있다.

또한 데카르트에게 신은 더 이상 신학적으로 해석된 절대적 신의 형태가 아니다. 그가 말한 신은 다만 존재론적 칭호를 가질 뿐

---

15 R. Descartes, *Meditationes de prima philosophia*, 106.

16 R. Descartes, *Die Prinzipien der Philosophie*, 9.

17 R. Descartes, *Meditationes de prima philosophia*, 102.

18 위의 책, 40.

이며,[19] 철학적으로 입증할 수 있는 의미를 가질 뿐이다. 그러므로 신의 특별한 일은 존재하는 것에 대한 최고의 원리로서 철학적으로 구성된 대립에 관한 논증을 제시하며, 이를 통해 사유의 필연성의 근거를 형이상학적으로 제시하는 데 있다.[20] 때문에 "내가 사유하다"는 것의 확실성은 데카르트의 첫 번째 원리로서 신의 실존을 자체 안에 필연적으로 내포하고 있다. 세계는 학문적 의식을 위해 초월적 대상이 되는데, 그 대상은 우리의 사유가 선험적으로 주어진 이념의 '신적' 기원에 대한 성찰에서 더 많은 것에 이르게 한다.

결국 데카르트의 신 존재증명은 주체의 주체성으로부터의 증명이다. 그것의 출발점은 인간의 의식 안에 있는 신의 이념이며, 가장 완전한 본질에 대한 인간의 사유이다. 그것에 이의를 제기하려는 자는 그런 출발점과 논쟁해야 할 것이다. 왜 그런가? 데카르트는 본질을 묘사하는 신의 이념을 신의 실존에 관한 항목에서 분리시켰기 때문이다.[21] 이런 분리는 신의 현존을 증명할 수 있는 가능성에 근거를 제공하며, 그것을 넘어 증명해야만 하는 필연성의 근거를 세우게 한다. 그 근거는 '세계의 확실성'과 '신의 확실성'에서

---

19   데카르트는 신을 "통일성, 단순성 내지 비분리성(unitas, simplicitas sive inseparabilitas)" 으로 규정한다. 위의 책, 50.

20   Gerhart Schmidt, *Aufklärung und Metaphysik. Die Neubegründung des Wissens durch Descartes*, (Tübingen, 1965), 137.

21   이런 분리는 중세기의 세계개념에서 나타나며, 세계의 '우발성(Kontingenz)'에 관한 원리에 근거해 있다. 참고. Chr. Link, "Die theologischen Wurzeln der Unterscheidung von Theorie und Praxis in der Philosophie der Neuzeit," in *Zeitschrift für Evangelische Ethik*, 21(1977), 13.

찾을 수 있다.[22]

나아가 데카르트의 신 존재증명은 학문적 진술에 대한 진리의 근거를 밝히며, 이는 명증성의 원리를 명확하게 설정하는 것을 뜻한다. 모든 실체의 이념 내지 개념에 실존(existentia)이 함의되어 있다. 그러나 우리는 실존하는 실체의 형태 자체에서는 아무것도 파악할 수 없다.[23] 때문에 입증할 수 있는 신의 확실성은 명약관화하게 파악된 신의 본질에 대한 자각을 전제하며, 이를 통해 보장된 세계의 확실성은 명증적으로 이해할 수 있는 세계의 본질에 속한다. 이것은 우리에게 선험적으로 주어진 이념의 영역에 속해 있다는 것을 뜻한다. 실체의 현존은 우리가 반드시 생각해야만 하는, 즉 우리의 정신에 내재된 수학적 진리의 실마리에서 인식할 수 있다. 그것은 물리학의 객체 영역과 수학적으로 기술할 수 있는 실체의 "객관적 실재성"과 동일시된다.[24] 그 결과 세계의 실존은 존재론적 논증과 더불어 자연의 법칙성 이념에 의해 설정된 경계에서 확실해진다. 따라서 감각적으로 지각할 수 있는 세계에 해당하는 모든 시간적 현상들은 세계 확실성의 지평과 범위에서 제외된다. 그러므로 증명은 인간의 유한성과 더불어 시간적으로 펼쳐진 세계의 현존 맥락에서 펼쳐지는 것이 아니라, 이전에 '계몽된' 이성의

---

22 신의 본질과 실존 사이에서의 방법론적 분리가 신에 관한 형이상학적 사유로 인해 문제가 발생하여, 결국 니체에 의해 선언된 '신의 죽음'을 초래했다. 참고. E. Jüngel, *Zur Begründung der Theologie des Gekreuzigten im Streit zwischen Theismus und Atheismus*, (Tübingen: Mohr Siebeck, 1977), 146-167.

23 R. Descartes, *Meditationes de prima philosophia*, 166.

24 위의 책, 80.

지식으로부터 드러난다. 그 증명은 인간 주체의 주체성으로부터의 증명이며, 그 자체로부터 초래하는 유일한 신 존재증명이다.

지금까지 데카르트가 진리의 확실성에 도달하기 위한 그 과정이 어떻게 진행되는지를 '의심'에서 시작하여 의심의 종착점, 즉 명증적인 확실성에 이르는 경로를 통해 모색해 보았다. 그에게 신 존재증명은 기독교가 주장하는 것처럼 우리 외부에서(extra nos) 우리 안으로(in nobis) 일방적으로 주어진 '계시'에서가 아니라, 우리 자신의 사유하는 정신 자체에서 가능해진다. 이런 데카르트의 신 존재증명은 전통 신학적 관점에서 보자면, 어쩌면 신에 대한 도전으로써 비판받아야 마땅할 것이다. 인간의 타락 후 사유 능력은 자체적으로 신의 존재증명이 가능하지 않을 정도로 제한되어 있기 때문이다.

하지만 본 장에서 의도한 것은 데카르트의 진리 증명 내지 신 존재증명의 정당성을 논하고자 한 것에 있는 것이 아니라, 앞서 밝힌 바 있듯이, 신 앞에서 선 단독자로서의 주체적 신앙 확립의 의의 및 중요성을 깨닫는 데 있음에 유의해야 할 것이다. 다시 말해, 진리 인식 및 증거는 목회자를 비롯한 제3자에 의존하는 피동적 태도에서 벗어나 철저하게 독립된 개별자로서 주체적이며 능동적으로 접근하여 획득해야 할 것이다.

3) 신적 자기 전개의 터로서 내면의 주체성

진리 인식 및 행위의 출발점을 사유하는 인간 내면의 주체에서 찾는 또 다른 사상가는 데카르트에 이어 독일의 관념주의를 대표하는 헤겔(F.W.G. Hegel)이다. 헤겔 자신의 전체 사상에서 드러내고자 하는 궁극적인 지향점은 '종교와 철학', '이념과 현실', '하나님 나라와 인간의 나라', '신앙과 이성' 및 '주관과 객관' 등과 같은 대립되는 개념을 그의 사상의 체계(system)에서 하나로 고양시킴으로써 도달하는 '일치'에 있다. 또한 그에게 철학의 고유성은 대상적 존재로부터 추론하는 사유로 현실성을 파악함으로써 그 대상을 개념에 따라 규정하는 데 있다.

근대 시민사회의 출현 이후 봉건적 체제로부터 벗어난 개인은 자신을 욕망, 자유, 소유 등의 주체로 인식하기 시작했다. 이러한 주체적 각성은 근대 시민을 인식 및 실천적 행위의 주체 세력으로 발전시켰다. 근대의 개인화는 시민 사회를 통한 주체의 해방에 기초해 있었기 때문이다. 이에 따라 근대의 개인화는 자유를 향한 열망에 사로잡히게 했다. 그런 개인화는 '자의식'과 더불어 근대적 주체성을 실체화함과 동시에 세계를 대상화함으로써 스스로를 주체성으로 자각하고 자유의 존재임을 확인하였다. 인식론적으로는 진리의 거점이며 실천적으로는 행위의 원칙을 스스로 판단하고 결정하는 자율적 존재임을 안팎으로 표명하기에 이른다.

그렇다면 헤겔의 주체성 개념이 어떻게 개인화 혹은 개인주의와 관계를 맺는가? 그는 근대의 시대정신 바탕에 주체성의 자각이 도사리고 있다고 보았다. 근대적 자기의식의 발현이 그것이다. 헤겔의 대표적 작품인 『정신현상학』에서 "의식-자기의식-이성"으로 이어지는 의식의 발전은 근대에 들어 자신을 대상화할 수 있는 반성적 주체성에서 정점을 본다.

　그러나 헤겔에 따르면, 칸트철학에서 나타나는 반성적 주체는 결국 자기분열을 극복하지 못한 대립의 주체성에 머문다. 왜냐하면 대상과 마주하여 그 대상을 지배하는 주체만이 진리에 대한 인식론적 지위를, 그리고 실천적인 자유를 확보하는 것으로 여겨지기 때문이다. 하지만 칸트에게 그러한 대립은 주체를 결국 개인의 차원에만 가두어둘 뿐이다. 상호 주관적 주체 혹은 대상과 일치를 이루는 주체는 요원할 뿐이다. 그런 까닭에 헤겔은 당시까지의 철학이 개인주의에 귀착되어 있음을 입증하고, 이를 넘어서는 객관적 조건을 탐색한 결과, 절대정신으로서 신의 자기 전개가 인간의 '자의식'에서 이루어짐을 자신의 철학사상에서 밝혀낸다. 이렇게 주체성의 철학자로서 헤겔은 절대정신이 인간의 '자의식'을 통해 전개되게 함으로써 인간의 주체성이 신의 영역으로, 신의 영역이 인간의 주체성으로 확장된다. 즉 신적 정신이 인간의 주체성을 통해 정립되고 확장된다는 말이다. 정(these)-반(antithese)-합(synthese)에 바탕을 둔 신의 변증법적 자기 전개가 인간의 주체성에서 구체적으로 이루어지기 때문이다. 따라서 인간의 주체의식을 통해 절대정신으로서 신 인식과 신 존재증명이 가능해진다. 이런 가능성을 『정신현상학』의 '이성' 및 '정신' 장과 『종교철학』의 '신앙론'에 중점을 두고 보다 구체적으로 살펴보도록 하자.

(1) 이성에서 정신으로

이성에서 정신으로 고양되는 과정을 서술하는 '이성' 장은 헤겔의 대표적 작품인 『정신현상학』의 체계에서 결정적인 의미를 갖는다. '이성'에서 '정신'으로 이행하는 과정을 지닌 이성의 진리는 정신에 있기 때문에, 결국 헤겔이 생각하는 이성은 정신이라 할 수 있다. 하지만 실현된 이성으로서 정신은 법, 도덕적 양심, 종교와 같은 자신의 실재성을 더 경험함으로써 절대지(絶對知)까지 발전하여야 한다. 이것은 "정신으로서 자신을 인식하는 이성의 자기조직화"이다.[25]

『정신현상학』의 '이성' 장에서 헤겔은 칸트의 이성 개념을 비판하면서 자신의 고유한 이성 개념을 기획한다. 이 장의 중심 논제는 "이성에서 정신으로" 혹은 "참된 이성, 실현된 이성은 정신이다"로 표현될 수 있다. 이성에서 정신으로의 이행은 자연적 의식으로서 이성 개념에 대한 비판을 통해 정신으로서 이성이라는 헤겔 자신의 이성 개념을 정당화하는 작업이다. 의식의 마지막 형태인 이성에서 정신으로의 이행이 일어나는 '이성' 장은 의식에서 정신으로의 고양이라는 "정신현상학"의 근본적인 기획의 측면에서 볼 때 핵심적인 의의를 갖는다. 헤겔은 공허한 자신의 자아성을 충족시키고 이성의 확실성에서 진리로 고양할 것을 요구한다. 확실성에

---

25 R.P. Horstmann, "Hegels Ordnung der Dinge. Die Phänomenologie des Geistes als transzentalistisches Argument für eine monistische Ontologie und seine erkenntnistheoretischen Implikationen," *Hegel-Studien* 41(2006), 45.

서 진리로의 고양, 이성에서 정신으로의 고양은 다름 아닌 객체를 매개로 한 주체의 확장을 의미한다. 이렇게 모든 실재성의 관념론적 토대로서 주체가 객체와 매개된다면 주체는 객체와 일치를 이루게 된다.

하지만 헤겔에 따르면, 칸트 철학은 사실상 이 통일을 이루어내지 못했다. 때문에 헤겔은 칸트 철학을 '심리학'과 '경험론'에 빗대어 비판한다. 우선 심리학적 비판의 관점으로부터 인간의 인식 능력에 한계를 지닌 칸트 철학의 주체를 확장하려는 헤겔의 시도가 엿보인다. 주체의 확장은 다름 아닌 참된 매개에 대한 요구다. 헤겔은 칸트의 순수 범주에서 현실의 다양한 세계를 매개할 것을 요구한다. 그는 칸트가 설정한 (12가지)범주가 지극히 추상적인 형식일 뿐이어서 현실의 다양성을 파악하지 못했음을 지적한다. 그 범주는 공허한 형식에 불과해 외부로부터 촉발되는 직관에 의해 충족되어야 하기 때문에 현실성의 매개에 대한 요구를 충족하려면 이성적으로 대상을 "탐색"(suchen)하고 "발견"(finden)하는 방식으로 외부 대상과 관계해야 한다.[26] 하지만 이런 방식으로 이성은 원하는 목표에 도달할 수 없다. 그 실패의 원인은 이성이 "자신 안에서 미리 자신을 완성하지 못했기"[27] 때문이다. 헤겔에 의하면 순수하고 공허한 범주의 충족 내지 실현은 외부가 아니라 내부 자체로부터 발생한다. 나아가 범주는 주관적으로만 머물러 있어서도 안 되

---

26 cf, G.W. Hegel, *Phänomenologie des Geistes*, Theorie Werkausgabe, Werke in zwanzig Bänden, Bd. 3, (Frankfurt a.M.: Suhrkamp Verlag, 1969), 185–186.

27 위의 책, 186.

고 외적 대상에 의해서만 충족되어서도 안 된다.

이렇듯 헤겔은 칸트 철학에서 나타난 바처럼 객관으로부터 분리된 주체의 '심리적 기능'으로는 객체를 파악할 수 없다고 본다. 앞서 말했듯이, 헤겔의 초기 철학의 근본적인 과제는 이러한 칸트의 인식론 철학에 대한 비판과 더불어 새로운 주체 개념을 정립하는 것이다. 그 새로운 주체 개념은 "정신현상학"의 결과인 "논리의 학"으로부터 시작한다. 주관과 객관의 분리 구도를 부정하고 절대적 주체성을 상정하면, 주체밖에는 어떤 객관도 없기 때문에 주체의 내용이 외부로부터 촉발되는 객체 내용에 의해 충족되는 것이 아니라, 주체 스스로 객체성을 형성해야 한다. "자신 안에서 자신을 완성"한다는 말은 범주 내지 개념이 직관 없이도 객관을 매개하는 내용을 자신 안에서 마련해야 한다는 의미다.

말하자면 칸트와 같은 외부의 촉발을 수용하는 주체 개념을 부정한다. 칸트에게 주체성은 인간의 감성, 지성 및 이성이 떼려야 뗄 수 없는 삼중적 스펙트럼을 형성해 대상 인식과 개념 규정으로 나아간다. 먼저 감성은 직관의 순수 형식 내지 선험적 형식인 '공간'과 '시간'을 토대로 해서 인식 대상을 자발적으로 생산하여 경험을 유발시킨다. 지성(Verstand)은 선험적으로 주어진 (12가지)범주에 따라 감성에서 형성된 다양한 경험 대상을 한 곳으로 모으고 통일시킴으로써 개념에 이르게 하는 보편적 인식을 초래한다. 여기서 전체적 경험이 아니라도 부분적 경험을 통해 보편적 인식이 가능한 것은 경험이나 인식을 자기의식에서 종합하고 통일하는 '선험적 통각' 때문이다. 그러나 지성을 통해 다양한 판단과 규정이 가능하지만 완전한 종합에 이르게 하는 능력은 자체적으로 갖지 않는다. 결국 지성의 다양한 판단과 개념을 완전한 종합에 이르게 하는 것은 추리 혹은 추론하는 능력으로서 '이성'의 몫이다. 지성에 의해 넘겨받은 다양한 인식을 하나의 논리적 체계로 꿰맞추고 통일시키는 능력이 이성에게 본성적으로 주어져 있다.

하지만 헤겔은 칸트의 그런 주장과는 달리 개념이 직관에 관계하지 않고도 자체로 내용을 확보할 수 있다는 입장이다. 개념에 대한 헤겔의 이해는 철학사에 있어 새로운 것이다. 그는 전통 논리학이 개념의 개념을 적합하게 파악하지 못했다고 비판하면서 개념론에 대한 새로운 주장을 펼친다. 그는 감성과 지성의 관계에 대한 칸트의 이해와는 달리, 다른 방식의 관점을 보여준다. 칸트에 있어 직관 없는 개념은 공허하기 때문에 범주가 직관에 관계함으로써 비로소 의미를 얻는다. 하지만 헤겔에 있어 모든 범주는 직관의 다양성에 관계하지 않고도 이미 개념적으로 규정된다. 개념의 개념은 직관의 다양성과 관계하지 않고도 규정될 수 있기 때문이다. 개념은 보편자로서 파악되지만 개별성을 함유하는 보편이라 개념의 개념은 보편적이면서 동시에 개별적이다. 이것은 보편자로서 개념이 갖는 이중적 특성이다. 개념은 본래 개별자에 대한 지칭이다. 따라서 보편자로서 개념은 개별자에 관계한다. 하지만 이 개별자는 곧 보편자인 개념이다. 이렇듯 개념은 보편자면서 동시에 보편자에 속하는 개별자다. 따라서 헤겔은 "포괄적인 보편자"(Übergreifendes Allgemein)라는 표현을 사용한다. 포괄적인 보편자는 자기 자신에 관계하는 어떤 것을 말한다. 그것은 모든 개념의 개념, 즉 상위개념이면서 그 자체에 속해 있다. 이렇게 개념은 자신을 실현시켜 나간다. 따라서 개념의 개념은 자신에 관계하면서 자신의 내용을 갖는다. 이것이 헤겔의 전체 논리학의 기본 구조이다.

순수 범주가 다양한 현실을 매개로 주체가 확장됨에 따라 이성적 의식은 다양한 세계를 경험한다. 이 과정에서 논의의 중심은 개체성이다. 개체성은 관찰, 인식 및 행위를 수행하는 이성의 대상이다. 헤겔은 개체를 "타자와의 관계에서 자신을 유지할 수 있는 것"으로 규정한다.[28] 칸트에 있어 실천이성처럼 헤겔에게 관찰하는 이성은 동시에 실천적인 이성으로 이어진다. 여기서 간과하지 말아야 할 것은 실천적인 이성은 궁극적으로 인륜적 이성, 보편적이고 상호주체적인 현실성으로 밝혀진다는 사실이다. 실천적인 이성은 개별적인 나로부터 공동체적 우리로, 덕을 갖춘 인륜적 정신으로 나아간다.

그런데 주체의 확장 과정은 현실성을 토대로 삼고 있다. 주체가 도달하고자 하는 목표는 바로 현실성(Wirklichkeit)이기 때문이다. 주체의 확장인 현실성은 관념적이고 고립적인 주체의 한계로부터 벗어나 현실적인 세계와 일치를 지향한다. 이렇게 주체의 확장 과정은 현실성에 도달하는 과정이다. 이런 현실성과의 관계는 세계의 질서로서 이성적인 것이다. 이런 사실이 헤겔의 "종교철학에 대한 강의", 그중에서도 제의와 밀접한 관계를 맺고 있는 '신앙론'에서 보다 구체적으로 드러난다.

---

28   위의 책, 190.

(2) 제의적 신앙에서 드러난 주체성

헤겔에 있어 절대자를 완전하게 파악하기 위해 믿음을 필요로 하지 않는다. 왜냐하면 그에게 철학 자체가 예배이며, 예배는 성서적 증거들과 교회의 도그마를 필요로 하지 않으며, 자신을 무한자와 신적인 것으로 고양시키기 위해 어떤 낯선 권위를 필요로 하지 않기 때문이다.[29]

이렇게 예배를 철학의 한 영역으로 간주하는 헤겔의 종교철학에 있어 종국적인 목적은 절대정신으로서 신을 인식하는 데 있다. 종교에 대한 의식의 학문으로서 그의 종교철학은 신과 인간의 관련성을 추구한다. 그런데 그러한 헤겔의 입장은 신과 인간이 어떠한 일정한 방식을 통해 밀접히 연관되어 있음을 전제한다. 그러한 그의 주장은 무한과 유한의 관계에 대한 이해에서 잘 드러난다. 그에 의하면 무한이 무한이기 위해 유한에 대립해서는 안 된다. 만약 그렇게 되면, 그러한 무한은 진정한 의미에 있어 무한이 아니라 일종의 무한이라는 유한에 불과하다. 따라서 무한은 유한을 하나의 계기로서 포괄하는 전체여야만 한다.

그러한 헤겔의 주장은 신과 인간의 관계에서도 그대로 적용된다. 신이 신이기 위해서는 신이 인간과 떨어져 독립된 존재가 아니라, 인간까지도 포괄해야 한다.[30] 신과 인간은 정신으로서 공존하

---

29   K. Löwith, *Hegels Aufhebung der christlichen Religion*, (Bonn: Bouvier, 1964), 196.

30   Th. Litt, *Hegel: Versuch einer kritischen Erneuerung*, (Heidelberg: Quelle & Meyer, 1953), 121.

기 때문이다.[31] 따라서 종교는 신에 대한 인간의 앎이자 동시에 인간에서 신 자신에 대한 앎이다. 그렇게 인간의 앎과 신의 앎을 가능케 하는 정신은 변하지 않는 고정된 실체가 아니라 자기운동, 즉 주체성으로 파악된다. 유한한 주체성을 지닌 인간은 그러한 정신을 통해 절대적 본질을 자신의 본질로 알며, 그러한 절대적 본질 안에 인간의 '자의식'이 함의되어 있다. 인간은 신에 대한 자의식 안에서 신을 알며, 신은 인간의 종교 의식에서 자신을 의식한다.[32] 그러한 신의 자의식은 인간 안에서의 자의식이라는 논리적 귀결이 성립된다. 환언하면 헤겔은 종교를 자신 스스로를 알아가는 신적인 절대정신, 즉 유한한 정신인 인간을 매개로 하는 신적 정신의 앎으로 특징짓는다.

또한 헤겔은 '제의'를 인간 주체와 신과의 분리를 고양시키는 역할로 규정한다. 특히 그의 종교철학에 있어 제의는 절대정신과의 일치를 추구하며, 신에 대한 지식에서 신적 정신과 갖는 종교적 관계를 의미한다.[33] 또한 제의는 객관성과 주관성의 전체이자 즉자(Ansich)로서 신을 대자(Fürsich)로 지양하며, 종국적으로 그러한 지양을 통해 인간과 신의 일치를 수행한다. 이에 덧붙여 최대열 박사

---

31 헤겔은 신의 정신을 "절대정신(der absolute Geist)"으로 인간의 정신을 "인간적 정신(der menschliche Geist)"으로 표기한다.

32 I. Fetscher, *Hegels Lehre vom Menschen, Kommentar zu den 387 bis 482 der Enzyklopädie der philosophischen Wissenschaften*, (Stuttgart-Bad Cannstatt: Frommann, 1970), 231.

33 "그러나 제의에서 한편으로 내가, 한편으로 신이 서 있고, 그리고 그 규정은 이제 나를 신 안에서, 신을 내 안에서 결합시킴으로써 구체적인 일치를 형성한다." Hegel. *Vorlesungen über die Philosophie der Religion I*, hrsg. von G. Lasson, (Hamburg: Felix Meiner Verlag, 1966), 202.

는 제의를 '종교적 개념의 실천적 계기'로서 다음과 같이 잘 요약
한다.

> 헤겔은 종교철학에서 종교를 구성하는 요소들로 '신'과 '신에 대
> 한 의식'과 '제의'를 말하는데, 이것들은 논리학적으로 말하자면,
> 각각 '보편성'의 계기, '특수성'의 계기, '개별성'의 계기에 해당
> 한다. 그중에 가장 실제적인 계기는 개별성의 계기인 제의이다.
> 종교의 본질이 신과 인간의 합일이라고 한다면, 개별성의 계기
> 로서 분열의 지양 행위로서의 실천적 측면을 이루는 것이 바로
> 제의이다. 제의가 궁극적으로 목적하는 것은 인간의 신과의 개
> 별적이고 현실적인 연합, 곧 유한자의 즉자 대자적인 절대적 실
> 체와의 실제적인 통일이다 … 제의는 인간과 신의 연합을 이루
> 기 위해 인간 안에 신이 현존하는 것을 목표로 한다.[34]

그런 종교적 제의는 교회에서 계속해서 반복하는 예배와 예식
의 활동으로 드러난다. 헤겔은 자신의 책 『엔치클로패디』 555장에
서 제의를 협의적인 것과 광의적인 것으로 구별한다. 협의의 의미
에 있어 제의는 교회 예배이며 성만찬적 제의(sakrale Kultus)지만,
광의의 의미에 있어 제의는 사유의 기반에서 자의식의 절대적 내
용을 자신의 것으로 획득하려는 것이다. 그러므로 제의는 철학적
사고의 예배로 간주할 수 있다. 이것은 제의에서 알려진 절대적 내
용은 정신의 증거에 의존해 있기 때문이다. 이렇게 헤겔은 제의를

---

34 최대열, "헤겔의 성찬론," 「신학논단」 56(2009), 429.

종교의 현실적 수행으로 간주한다. 여기서 신앙이란 절대정신인 신에게서 자신을 알게 하는 실천을 의미한다.[35]

헤겔은 '신앙의 확실성'을 객관적이며 신적 정신의 계시에 관한 인간 정신의 '주관적 확증'이라고 규정한다. 신앙 자체로는 대상에 대한 이성의 통찰을 보여주지 못한다. 물론 신앙은 객관적이며 정신적인 대상을 갖지만, 객관적이며 정신적인 인식을 갖지 못한다. 학문이 확실성과 함께 인식한다는 것은 동시에 증명한다는 것을 뜻한다. 그러나 신앙에는 그런 증명이 결여되어 있다. 때문에 신앙인에게 확신은 객관적 차원이 아니다. 모든 종교에 있어 사람들은 자신의 신앙에 확실성을 갖지만 그들의 신앙은 상이하며, 때로는 대립된 내용을 갖는다. 따라서 헤겔은 신앙의 내적인 확실성의 증거에 만족하지 않는다. 그는 신앙의 확실성만을 추구하는 것이 아니라 객관적 진리, 즉 사물의 필연성에 있어 이성의 통찰을 추구한다.

또한 예배에서 믿는 자는 신을 자신 안에서 알며, 느끼며, 신과의 일치를 확신하며, 은혜로 말미암아 신으로부터 받아들여진다는 확신을 갖는다. 여기서 내용과 주관적 확실성의 일치가 일어난다.

---

35 그러한 신앙은 『정신 현상학』에서도 다루어진다. 여기서 신앙은 『종교철학에 대한 강의』에서의 신앙과는 구별되며 자의식이라고 명명되는 순수한 통찰과는 대립된다. 참고. Hegel. *Phänomenologie des Geistes*, 376-382. 그리고 예나 시절에 발간한 『믿음과 지식』에서 헤겔은 신앙을 주관적 반성 철학에 대한 비판으로써 특징짓는다. 즉, 그는 칸트와 야코비, 그리고 피히테의 철학을 주관적 반성 철학으로 간주하며 신앙과 이성의 대립과 분리는 그러한 반성 철학에 의해서는 해결할 수 없다고 주장한다. 왜냐하면 주관적 반성 철학에 있어 이성은 신앙을 적대시함으로써 무한한 초감성적인 세계로 진입하지 못하고 유한한 감성계만을 고수하기 때문이다.

믿음으로 드려지는 예배에서 개별자는 자신을 잊어버리며 자신의 대상으로 충만해진다 … 만약 주체가 예배의 뜨거움에서 자신의 대상 속으로 빠져든다면, 주체는 그 대상과 함께한다. 이렇듯 주체는 예배에 참여함으로써 자신을 갖는다. 주체는 그곳에서 기도하며 말을 하며 표상들을 직시함으로써 자신의 지양과 관계한다. 그러나 주체는 자신의 개별성에서 이루어지는 예배에서만 자신을 유지하는 것이 아니라, 대상 속에서 일어나는 자신의 운동에서, 그리고 그렇게 자신을 활동시키는 정신으로만 자신을 유지한다.[36]

신은 정신으로서 존재한다. 헤겔에 있어 정신은 생각하는 정신을 의미한다. 다시 말해 정신의 본질은 생각에 있다. 그러한 생각은 고정된 것이 아니라 항상 활동한다. 즉 생각은 하나의 규정에서 다른 새로운 규정으로 발전하는 중재의 과정으로 존재한다. 헤겔은 그러한 활동성을 인간 정신의 신으로의 고양으로 규정한다. 그러한 고양의 과정에 관한 관찰이 바로 신의 현존을 증명하는 것이다. 헤겔에 있어 생각이란 현실성에서 분리되는 그 어떤 추상적인 것이 아니라, 생각과 현실성이 그의 철학에서 연합한다. 양자는 정신의 동일적인 활동성으로부터 형성되기 때문이다.

그러므로 헤겔에 따르면, 신앙의 참된 근거는 외적인 것이 아니

---

36 Hegel, *Vorlesungen über die Philosophie der Religion I*, 205. 헤겔은 제의로서 신앙을 종교적 의식의 내용을 형성하는 신앙과는 구별한다. 전자가 신에 대한 신앙이라면, 후자는 신 안에 있는 신앙이다. 신이 자신에게 대상으로 보여질 경우, 신앙은 이중적 특징을 갖지만 신앙이 신과 하나가 되며 신의 본질에 귀속할 경우, 그러한 이중성은 사라진다.

라 정신 자체에 있다. 신앙의 내용이 처음에는 외적이며 형식적인 방법으로 나타나지만, 그러한 것들은 사라져야 하며, 그 후 참된 신앙의 내용이 나타나야 한다. 외적이며 유한적인 사물은 우연적인 것에 지나지 않으며 참된 신앙의 내용이 될 수 없기 때문이다. 그러므로 그리스도는 기적을 구하는 신앙을 반대하면서 자신의 제자들에게 다음과 같이 말씀하신다. "진리의 성령이 오시면 그가 너희를 모든 진리 가운데로 인도하시리니…"(요 16:13). 외적인 방법, 즉 기적과 더불어 시작하는 신앙은 외적이며 형식적인 특징을 가질 뿐이다.[37] 신의 영원한 본성을 종교의 내용으로 갖기 때문에 신앙의 내용은 우연적이며 외적인 사물들에서 구해져서는 안 된다. 헤겔에 따르면, 신앙은 정신의 사건이며, 정신의 참된 내용은 다만 정신적일 뿐이다. "본성에 따르면 정신적인 것이 아닌 것은 신앙의 내용이 아니다. 만약 신이 말한다면, 그것은 정신적인 것이다. 정신은 다만 정신에게 계시되기 때문이다."[38]

제의에서 주관과 객관의 일치가 구체적으로 일어난다. 다시 말해 신과 나와의 관계와 그 관계의 규정은 내 자신 안에서 일어나는 신과의 연합을 통해 무한성으로서 존재하는 신 안에서 알려지며, 신은 내 안에서 알려진다. 그러한 일치는 공동체(Gemeinde)에서 객

---

37 기적에 대한 헤겔의 그러한 비판에 파울 알트하우스는 다음의 반론을 펼친다. "기적은 자연과 관련한 것의 침입이 아니라 자연을 다스리는 주인의 경험이요, 우리가 하나님의 살아 계시는 행위를 경험하는 하나의 사건이다. 때문에 기적은 그 어떤 영적인 것이다." Paul Althaus, *Die christliche Wahrheit-Lehrbuch der Dogmatik. Bd 2.* (Gütersloh: C. Bertelsmann Verlag, 1949), 76.

38 Hegel. *Vorlesungen über die Philosophie der Religion I*, 211.

관적이며 구체적으로 일어난다. "그래서 제의는 공동체에 있어 절대정신의 확실성이며, 그 공동체의 본질에 관한 지식이다."[39]

나아가 헤겔은 신앙을 '민족정신'과도 관련시킨다. 즉 신앙의 절대적 근거를 민족정신에서 찾는다. 만약 정신이 세계역사의 어느한 특정한 시대, 특정한 민족에 나타난다면, 그 정신은 민족정신이다. 바로 그러한 민족정신이 개별성의 실체적 근거이다. "각자는 자신의 민족 안에서 태어나며, 그 민족정신에 속한다 … 그것(민족정신)이 신앙의 절대적 근거이다."[40] 여기서 신앙의 근거가 민족정신인 역사적 현실성에 있음을 깨닫게 한다. 헤겔에 의하면, 만약 우리가 그러한 사실을 고려한다면, 우리는 종교의 기원을 역사적 현실성에서 인식할 수 있다. 모든 민족은 자신의 신앙의 고유한 형태를 갖고 있을 뿐만 아니라, 그들 사이에 갈등을 유발시키는 상이한 종교 역시 존재한다. 그러한 갈등이 증폭되어 종교 전쟁이 발발하기도 한다. 그러한 갈등은 자기 민족에게 전통적으로 내려온 특정한 종교를 다른 민족에게도 인정하도록 강요하는 사실에 기인한다. 그러나 근대에 와서 신앙의 자유가 나타난다. 그러나 그러한 자유가 내용에 관계될 경우, 사유와 신앙 사이에 균열이 생겨난다.[41]

---

39   위의 책, 213. 헤겔은 『미학에 대한 강의』에서 신을 "자신의 공동체 안에 있는 정신"으로 규정한다. G.W.F. Hegel, *Vorlesungen über die Ästetik II. Hegels Werke*. 20(14), (Frankfurt a.M.: Suhrkamp Verlag, 1969), 149. 물론 그 공동체는 교회로서 제한되지만, 가장 보편적이고 본질적인 규정성에 따르면 세계에 있는 신의 현실성을 의미한다. 인류에 현존하는 것으로서 신의 정신은 먼저 자신의 타자성, 즉 세계로부터 자신으로 회귀한다.

40   Hegel. *Vorlesungen über die Philosophie der Religion I*, 214.

41   헤겔은 그러한 균열을 이미 그리스에서의 소크라테스 시대에서 보았다고 말한다. 위의 책, 217.

그러나 한편으로 신앙에서, 한편으로 교회적 학문에 기초해 있는 교의(Dogma)에서 기독교는 그러한 균열을 극복했다. 이것은 기독교에 있어 신앙의 측면과 사유의 측면이 분리될 수 없다는 사실을 보여준다. 이렇게 청년기부터 죽음을 맞이할 때까지 일관되게 지속했던 헤겔 자신의 목적은 철저하게 주관과 객관의 일치의 이념을 연구하는 것이었다.

환언하면, 헤겔에게 신앙과 이성은 대립이 아니라, 내적으로 상호 일치를 이룬다. 이성의 활동성은 신 앞에서의 예배에서 드러난다. 신은 신앙의 대상이자 동시에 이성의 대상이다. 때문에 양자의 활동성은 형태에 있어 구별되지만 내용에서는 일치한다. 따라서 신앙의 내용은 이성의 내용과 대립하지 않으며, 이성으로부터 인식될 수 있다. 헤겔에 있어 이성을 통한 인식은 신앙보다 더 높은 차원인데, 이것은 이성을 통한 인식이 개념의 형태로부터 구성되기 때문이다.

하지만 키에르케고어는 신앙과 이성, 신앙과 인식에 관한 헤겔의 그러한 합명제를 신랄하게 비판한다. 또한 그는 "신과 인간의 무한한 질적인 차이와 절대적 단절을, 그리고 인간의 이성에 의해 만들어진 신과는 '전적인 타자'로서의 신을 내세웠는데, 이러한 표현들은 키에르케고어의 사상적인 기반을 이루는 중요한 골격이다."[42] 이렇듯 키에르케고어는 신앙과 이성을 엄격하게 구분하며, 신앙의 진리와 그것의 모든 내용은 신앙을 위해서만 정당할 뿐이

---

42   윤병렬, "실존하는 그리스도인 – 키에르케고르의 실존사상," 「신학지평」 17(2004), 342.

라는 사실을 강조한다. 헤겔에게 다만 객관적인 현실성으로 이해되는 신은 키에르케고어에게는 신앙하는 개별자의 주관성에서만 존재할 뿐이다.[43]

하지만 헤겔에게 주관은 자신으로부터 분리된 자체 존재로서의 대상을 갖는 것이 아니라, 절대적 주관성으로서 자기인식을 통해 대상 자체의 규정을 산출한다. 헤겔에 있어 주관과 객관은 근원적으로 통일되어 있기 때문이다. 모든 것을 하나로 통일하는 헤겔 철학에 있어 개념, 이념, 정신, 세계정신 및 주체성 등 원리를 표현하는 어휘들은 모두 동의어다. 그것들은 다만 헤겔 철학의 서술의 단계와 국면에 따라 체계적으로 구별될 뿐이다. 모든 분리를 부정하는 헤겔에게 모든 사물은 이성적 내용에 있어서는 연속해 있다. 직접적으로는 그 자체 독자적인 존재처럼 보이는 사물들이 이면의 이성적 질서에 있어서는 연속해 있는 통일을 형성한다. 그래서 존재의 합리적 질서를 형성하는 절대자의 운동은 스스로를 분리하여 상대화하고, 이 상대적 대립극을 다시 용해하여 하나로 통일하는 연속적인 운동이다. 헤겔에게 절대자란 이렇게 외관상 서로 독자적으로 보이는 다양한 사물들을 관통하여 연속되는 하나의 통일적

---

43 김균진, 『헤겔과 바르트』(서울: 대한기독교출판사, 1983), 161. 김균진 박사는 헤겔의 신
    앙론에 대한 키에르케고르의 그런 비판적 사상에 일면 동의하면서도, 다음과 같은 문제
    점을 지적한다. 첫째, 키에르케고르가 말한 '단독자'는 이웃과 사회와의 관계를 떠난 추
    상적 존재를 말한다. 둘째, 키에르케고르는 주체성을 지나치게 강조함으로써 진리의 객
    관성과 객관적 타당성을 흐리게 만들었다. 셋째, 키에르케고르가 말한 '신앙의 비약성'이
    란 그 내용에 있어서 규정되지 않은 막연한 개념이며, 지식이 없는 신앙의 비약은 맹목적
    인 것이 될 수 있다. 참고. 위의 책, 162-165.

인 이성적 맥락에 다름아니다.

헤겔은 칸트처럼 주관성을 존재의 근거로 간주한다. 하지만 주관성을 객관과 대립한 인식의 주체로 이해하지 않고, 주·객의 근원적 통일로서 확장시킨다. 따라서 존재의 질서는 개인적 주체의 창출에 있는 것이 아니라, 이성적인 개인의 주관에 주체성의 자기 매개 방식으로 드러난다. 그것을 원리적으로 서술하는 철학자는 주관에 의해 드러나는 존재를 주체성의 자기 매개라는 방식으로 서술한다.

하지만 헤겔의 그런 사상은 전통 기독교적 입장에서 보면 비판받아야 마땅할 것이다. 성서에서의 신은 인간의 이성에 의해 인식될 수 있는 것이 아니라, 철저하게 신앙에 의해서만, 그리고 계시를 통해 주어진 영역 안에서만 인식될 수 있다. 신은 인간과 전적으로 다르며, 신과 인간 사이에 존재하는 깊은 틈은 오직 신앙만이 다리를 놓을 수 있다. 이렇듯 헤겔의 종교철학에서 나타난 신앙에 대한 사상은 신학적으로 많은 문제점을 갖고 있다. 특히 신의 실존을 인간의 생각으로서, 그리고 현실성의 변증법적 과정으로서 이해하는 그의 주장은 신학적으로 용인될 수 없을 것이다.

그럼에도 불구하고 헤겔은 신의 현실성을 신앙의 내적인 세계와 교회의 영역에서만 한정시킨 것이 아니라, 신을 철저하게 전 세계의 신으로서 인식하려 시도했다는 점, 그래서 그는 세계 없는 신과 신 없는 세계를 피하려고 노력했고 신을 세계 안에서, 세계를 철저하게 신 안에서 파악하기를 원했다. 또한 헤겔은 개념의 상호 교호적 관계, 즉 주관과 객관, 형식과 내용, 전체성과 부분, 유한성과 무한성 및 구체적인 것과 추상적인 것 등을 발전시켰다. 이렇게 그는 사물의 일방성에 머물러 있지 않았다. 그는 모든 것을 하나의 질서 지어진 운동과 발전에서 체계화시켰다. 이것이 바로 그의 필연적 관점인 변증법적 방법이다. 이처럼 헤겔은 진리 인식과 증명을 철저하게 인간 자신의 내면의 세계에서 펼쳐간다.

4) 내면적 주체성의 해체

상술한 바 있듯이, 근대 철학의 중심축은 인간 개인의 '주체성'에 있으며, 그 중심에 자기 자신을 의식하는 자아(cogito me cogitare)가 모든 사유와 인식의 근간이라 주장하는 데카르트가 있다. 칸트는 선험적 자의식에서 출발하며, 피히테는 절대 자아를 존재하는 것에 대한 추론의 원리로 설정하고, 헤겔은 세계를 관통하는 세계 정신에 대해 말하고, 그것이 이성의 장소임을 보여준다. 뿐만 아니라 근대 철학은 진보에 대한 확신이 보편적 의식과 일치한다. 이를 토대로 데카르트는 인간이 자연의 주인이자 통치자임을 강조한다.

그러나 19세기 후반에 이르러 이를 뒤집는 현상이 급부상하기 시작한다. 즉 주체성과 그에 따른 정신의 우월성에서 시작된 형이상학이 무력화되기 시작한다. 막스(K. Marx)는 역사는 이성에 의해 결정되지 않는다는 점과 사건의 실제적인 구성 요소는 경제적인 본성에 있음을 지적한다. 프로이트(S. Freud)는 인간의 활동에 있어 '충동'이 결정적인 역할을 하며, 결코 자아가 자신의 집에서 주인이 아니라고 강변한다. 이렇게 인간의 주체성은 자신의 내면의 세계에서 탈주하여 바깥을 향해 질주하기 시작하며, 이를 통해 인간의 주체성의 영역이 확장되는 계기가 마련된다.

무엇보다 니체(F. Nietzsche)가 이 같은 사상에 있어 가장 앞서가는 선구자이다. 그는 목표를 달성하는 의식적인 능력으로 이해하는 의지는 존재하지 않는다고 주장한다. '의지'와 '자아'라는 단어는 허구이며, 여기서는 사태 자체에서의 토대가 결여되어 있다. 따라서 "내가 행하다" 대신에 사태에 따라 "내가 행해지다"가 나타난다. 특히 후기현대주의(postmodern)의 사유에 있어 주체성의 해체가 더욱 가속화된다. 자아는 통일성이 아니라, 다중성이며 해석의 우화이다. 사람들은 근대 '주체성의 죽음'을 선언한다. 스스로 설 수 없고 세상과 분리될 수 없고 절대 자아로부터 세계를 추론할 수 없다는 것을 인식한 것은 주체성 자체였으며, 그 자체가 세계에 묶여 있음을 깨달았다. 자신의 유한성을 인식하는 주체성은 자신과 세계와의 관계의 변증법에 대해 끊임없이 생각하는 것에서 탈피하지 못한다.

칸트가 강조한 범주는 선험적으로 적용되지 않으며, 인식론적 구조는 자연적인 선택의 결과로 진화한다. 주체성은 학문과 기술의 도움으로 예술적 세계를 만들기 위해 세상사를 변화시킬 수 있다고 생각하거나 세계와 거리를 둘 수도 있다. 세계와 밀접하게 연결하려는 경향과 거리를 두려는 경향이 상호교차하며, 양 측면이 설득력 있는 방법으로 지속적으로 상호 중재하려는 시도는 실패하게 된다. 이것은 인간이 환경과 밀접하게 연결된 동물처럼 정형화된 존재가 아니기 때문이다. 인간은 항상 자신을 규정하려 하나 그런 규정은 시시각각 변하는 상황에 따라 그것을 문제시하면서 변신을 거듭한다. 관찰하는 자와 관찰되는 자는 이중성을 지닌 통일체를 형성한다. 통일성과 이중성은 '현존하는' 자아의 규정이다. 관찰될 뿐만 아니라 관찰하는 자아는 "구체적인 개별자"이다. 그러나 이런 자기성찰은 세계 관계에 대한 성찰과 분리되지 않는다. 세계 관계는 자기 관계와, 자기 관계는 세계 관계에 의해 중재되기 때문이다.

주체성의 이런 이중적 의미는 그것의 구조, 즉 분할된 세계 관계에 근거해 있다. 그것은 세계에 있어 인간의 위치에 대한 거대담론적 질문에 존재론적으로 답하는 형이상학의 의미로 고양되지 않는다. 절대적 답을 피하면서 주체성의 이중적 의미의 구조를 강조하고 인식하는 것이 적절할 것이다.

이렇듯 근대적 주체성에서 벗어나 새로운 주체성을 세우려는 시도는 주체성 자체의 문제를 해결하려는 것이 아니다. 그것은 오늘날 특히 후기 형이상학적 시대를 맞이해 주체성과 관련한 특정한 측면에서 질문을 암시하려는 시도일 뿐이다. 이런 시도가 무엇보다 니체(Friedrich Wilhelm Nietzsche)를 필두로 데리다(Jacques Derrida)의 '차연'에 의한 탈주체성의 사상에서 행해진다. 먼저 니체의 탈주체성의 세계로 진입해보도록 하자.

니체 철학의 출발점은 '보편적 동일성'에 기반을 둔 근대의 주체사상, 그중에서도 데카르트의 '코기토', 그리고 헤겔에 와서 동일성, 보편성 및 통일성의 정점을 보인 형이상학적 주체사상에 대한 비판에 있다. 그는 그런 근대의 주체사상을 허무맹랑한 허구에 불과하며 잘못 설정된 믿음의 결과일 뿐이라고 비판한다. 이렇게 그는 전통 철학사상에 뿌리를 둔 근대의 주체사상에 도전장을 내밀면서 새로운 주체사상을 정립하려는 기획안을 제시한다. 이름하여 '탈주체성'(De-subjectivity)이다.

니체를 일컬어 '망치의 철학자'라 한다. 이것은 오랫동안 이어져 온 인간 주체에 대한 이해, 즉 인식과 행위의 근간이자 고정 불변적인 것으로 정형화된 '실체'로서의 주체성 이해에 망치를 들고 부수고 해체시켜 주체성 '새로 보기' 내지 '바로보기' 작업이다. 그렇다고 전해 내려온 주체성을 완전히 소각시켜 없애려는 것이 아니라, 끌과 정으로 모나고 쓸모없는 부분을 제거시키거나 다듬는 작업이다. 다시 말해 보편성, 객관성, 통일성, 합리성 및 논리성의 속성을 지닌 이성과 자의식에 기반을 둔 인간 주체성의 이해에 금을 내고 상황과 환경에 따라 시시각각 생성, 변화, 소멸하는 유연성을 지닌 주체로의 전환을 꾀한다. 과거와 현재, 현재와 미래의 상호 의존적이고 계속되는 시대의 의미 부여 과정으로서 역사는 종말을 고한다. 포스트모더니즘은 단순히 새로운 시대의 도래를 뜻하는 것이 아니라, 근거 내지 토대로 삼지 않는 사건의 연속을 뜻한다. 바티모(Vattimo)는 이런 변혁의 시대를 "주체의 죽어감"으로 묘사한다. 주체성은 결코 명백한 모양과 크기로 측정되지 않는다. 이성, 자유, 이기심과 같은 주체성의 보편적 규정들을 적용하는 것이 적절치 않으며, 또한 허락되지 않는다. 주체성은 결코 고정된 것이 아니며 물결처럼 이리저리 방향을 바꾸며 흐르는 것이다. 주체성은 존재의 호소를 들을 수 있게 하고 더 이상 근거의 최종적인 소리나 사유의 사유이거나 절대 정신의 최종적인 소리에서 들려지지 않는다. 존재는 고착화된 것이 아니라, 개개 지역에서 발생하는 문화로 중재되고 현재를 규정하는 담론 속으로 융해된다.[44] 존재의 '부재'와 '현존'은 최고조에 달하는 감각으로 채워지며 소통으로 인해 변화의 변화를 거듭하는 사회의 그물망에서 좌우된다.[45] 그리고 해석에 있어 원칙은 '보편성'을 띤 것이 아니라, 각자 서 있는 상황과 위치에 따라 시시각각 변할 수 있는 '맥락적'(contextual) 의미를 부여하는 것이다.

니체에게 근대철학을 대표하는 데카르트, 칸트, 피히테 및 헤겔은 보편성 및 동일성을 추구함으로써 개별적 주체의 '붕괴'에 기여한 자들로 이해한다. 니체에게 주체는 다양한 순간들로 채워져 있으며, '일치'로서의 특징은 우리의 믿음의 용어일 뿐이다. 주체가 다양성과 다수성을 집약하는 '하나의' 토대에서 흘러나와 영향을 미치는 것처럼 보여진다면, 그것은 허상에 지나지 않는다. 그러나 우리는 안타깝게도 지금까지 그런 '동일성'을 유지해 왔지만 사실은 동일성이 아니다.[46]

서구 유럽의 기독교적 맥락에 있어 개별적 주체는 니체식 계보학을 따르자면, 예속적이고 타율적으로 방향 지어진 존재로 이해된다. "인간은 도덕과 사회적 강요의 옷을 입은 채, 현실적으로 형

---

44 Gianni Vattimo, *Das Ende der Moderne*, (Stuttgart: Reclam, 1990), 208.

45 위의 책, 54.

46 F.W. Nietzsche, "Aus dem Nachlaß der Achtzigerjahre," in: ders., Werke, Bd. VI, op. cit. [Anm. 123], 627.

성되어 왔다."[47] 블랙홀처럼 모든 것을 한 '체계' 안으로 빨아들이게 하는 소위 '체계 사상가'인 헤겔이 한 국가의 도덕을 모든 개별적 주체가 모여들게 하는 중심 축으로 이해한 반면, 니체는 그런 도덕적 상태를 굴욕과 길들임으로 얼룩진 '금치산'(禁治産)으로 묘사한다. 온 세계에 내재해 있는 신으로서 이해하는 헤겔의 세계정신은 역사를 형성하는 것이 아니라, '역사로부터' 형성된다. 이것은 세계정신이 역사의 주체가 아니라, 역사 자체가 세계정신을 초래하고 이끌어가는 주체라는 말이다.

　이처럼 니체는 두 가지 종류의 상반된 가치의 공존, 그것에 동반되는 역설의 개념을 받아들인다. "전체적인 통찰은 다음과 같이 이루어진다. 우리가 속해 있는 현대세계의 특징은 이중적 의미로 구성되어 있다. 이런 이중적 의미는 약함과 강함을 나타낸다."[48] 이런 두 종류의 상반된 가치의 공존으로부터 체계적으로 조직된 역사적 담론이 생겨날 수 없다. 왜냐하면 상승과 하강, 건설과 파괴는 나란히 그리고 상대적으로 일어나며 보다 고차원적인 합명제를 불러일으키는 것 대신에 서로를 파괴하기 때문이다. "모든 성장은 실제로 엄청난 파괴와 소멸을 동반한다. 고통과 패배의 징후는 엄청난 진보의 시간 안에 함께 속해 있다. 동시에 인류에 열매를 맺게 하는 힘 있는 운동은 허무주의적 운동과 함께 창조적으로 일어난다."[49] 이것은 니체의 형이상학적 의미에 있어 이성의 개념에도 그대로

47　Nietzsche, "Zur Genealogie der Moral," in: ders., Werke, Bd.IV, op.cit[Anm.123], 800.

48　Nietzsche, "Aus dem Nachlaß der Achtzigerjahre," 624.

49　위의 책, 625.

적용된다. 역설과 상반된 가치의 공존 맥락에서 이성은 비이성적으로 드러난다. 이성과 비이성, 선과 악, 쾌락과 불쾌, 상승과 하강은 이항 대립적이면서 동시에 더불어 속해 있다.

이외에도 니체는 근대적 가치 속에 함축되어 있는 억압적인 특성을 드러내기 위해 개념과 진리, 이성 및 도덕의 우연성과 개별성의 발견을 추구했다. 개별적 주체로부터 우연적 진리, 이성 및 도덕을 인정할 것을 요청받았기 때문이다. 그렇지 않으면 한 낯선 의지와 그것에 내주해 있는 보편원칙에 종속되기 때문이다. 칸트의 범주적 정언명령과 헤겔의 도덕은 필연적이며 보편적인 근거들로 채워져 있다. 그러나 이것이 역사와 문화의 산물로서 우연적인 것으로 여겨지지 않는다면, 오히려 억압의 도구로 변형될 위험에 처해질 수 있다.

보편성, 동일성 및 중심의 해체는 독일의 니체와 더불어 프랑스를 중심으로 하는 포스터모던 사상에 있어 가장 중요한 특징 중 하나일 것이다. 이런 현상은 무엇보다 자크 데리다(Jacques Derrida)에서 명확하게 나타나는데, 그는 동일성으로 포섭될 수 없는 요소들을 찾으려 한다. 가령 그는 파편, 흔적, 경계가 모호한 존재, 인사이드에서 배제된 아웃사이드에 초점을 맞춘다. 이런 것들은 보편성과 객관성을 지향하는 학문의 세계에서 소외된 것들이며 낯설고 탈선한 것들이다. 데리다가 정립한 새로운 주체성은 바로 '낯선 것', 중심에서 벗어난 '주변적인 것', '그림자', 명시적인 것이 아니라 '암시적인 것'을 통해 사유된다. 그러한 것들이 어떻게 중심에서 벗어나 주변으로 밀려났는지, 그래서 흔적과 재로 남게 되었는지를 탐색해보는 것이 주체에 함의한 데리다의 주된 출발점이다. 그러한 해체를 통하여 새로운 주체성의 문제가 제기된다. 이렇게 데리다의 주체는 중심이 아닌 주변, 동일성이 아닌 차이, 통일성이 아닌 균열과 틈을 통해 사유할 것을 요구한다.

이처럼 전통 형이상학과 전통 주체사상에 대한 데리다의 비판은 그의 전체 철학에 중심적 위치를 차지한다. 무엇보다 그는 전체성을 기반으로 한 데카르트의 '코기토' 사상에 비판적 시각을 나타낸다.[50] 데리다의 그런 주체에 대한 비판 중심에 현존, 선험성, 합리성 및 자율성 등을 기반으로 한 '자의식'으로서 주체가 놓여있으며, 그는 그와 같은 사상을 악의 기원으로까지 간주한다. 따라서 데리다의 주체에 대한 비판은 주체를 중심으로 모든 사물을 이해하려는 사상을 해체시키려 한다. 물론 그는 주체성과 자의식의 현상을 그렇게 단순하게 거절하지는 않지만, 그것을 망상으로 설명한다. 전통적으로 이어져 온 의식의 사유화, 자율성 및 기원성의 속성을 해체시키는 비기원성, 비현존성 및 차이의 동기들을 의식의 '현존'에 적용시키는 것이 데리다에게 중요했다.

나아가 전통적인 형이상학적 의식개념에 대한 데리다의 비판은 자신의 구조주의적 기호구상 전체에 함의되어 있으며, 무엇보다 '차연'(differance)'의 개념과 더불어 전개된다. 여기서 데리다에게 차연(差延)은 다음의 사실을 의미한다.

---

50 참고. Jacques Derrida, *Die Stimme und das Phänomen. Ein Essay über das Problem des Zeichens in der Philosophie Husserls*, übers. v. Jochen Hoerisch, (Frankfurt a.M.: Suhrkamp, 1979), 90.

차연은 동일성이나 의식 같은 철학의 기초개념보다도 더 '근원'적인 것으로서 한편으로 동일성을 구성해 주는 것이면서도 다른 한편으로 그와 같은 공리적 토대를 불가능하게 하는 시·공간적 차이성과 작용을 말한다. 차이성이 근원적이라 함은 이른바 자기 동일성을 갖고 있다고 하는 요소가 실은 다른 요소들과 다르고 그 요소들은 거치시킴으로써 비로소 존재성 내지 현존성을 갖는다는 말이다. 따라서 데리다의 차연의 논리에 입각해 보면, 자기 동일적 현존이란 당초부터 타자와의 변별적 관계에 의해 가능해진 것임을 알 수 있다. 현존이 최초의 토대가 아니라 시공간적 차이 작용 내지 변별 작용, 즉 차연이 더 근원적인 원리인 셈이다.[51]

이에 따라 의식은 시간적으로 존재하며, 경험과 사유 속에서 '차연적' 일시성의 운동에 의존한다. 차연이 본래적이며 의식은 언제나 분할된다. 따라서 의식 자체로의 귀환은 불가능하며, 처분되었고, 쪼개졌고, 차이를 보이며 현존하지 않으며, 엄격한 의미에 있어 자기의식 내지 주체로서 구성될 수 없다. 이런 차연의 비현존성은 주체 자체의 죽음과 관계하기 때문이며, 순수하고 차이가 없는 현존에 대한 희망, 즉 귀환에 대한 희망이 자신의 주체화와 대립각이 세워지기 때문이다. 그러므로 의식은 자기현존과 이중관계를 유지한다. 그런 이중관계는 달성하고자 하는 것과, 결코 달성할 수 없을 뿐만 아니라 달성해서는 안 되는 것과의 관계이다.

---

51 윤효녕 외 3인, 『주체 개념의 비판 – 데리다, 라캉, 알튀세, 푸코 –』(서울: 서울대학교출판문화원, 1999), 18-19.

결과적으로 의식의 '대자적 존재'로서 주체성은 차연의 체계를 필요로 한다. 의식의 자기표현의 가능성은 먼저 기호와 그것의 순서에 의해서만 작용하기 때문이다. 그러므로 차연의 체계는 주체화 형성을 위한 가능성과 불가능성의 양 조건을 갖는다. 따라서 주체성에 관한 가능성의 조건은 동시에 불가능성의 조건이다. 주체성이 불가능하기 때문에 주체성이 가능하다. 역으로도 마찬가지다. 그것이 만들어지는 순간, 그것은 주변에서 사라지기도 한다. 차연은 "한 번의 유일한 움직임에서 의식적 주체성을 구성하고 동시에 소멸시키기 때문이다."[52] 따라서 주체는 '지금'이 '순간'까지만 나타날 수 있다.

주체는 말을 하는 가운데 자신의 현존을 확신하며 차연의 체계에 의해 발생된 산물과 동일시된다. 이런 주체는 다음의 결과를 낳는다. 첫째, 보이는 '현상'이 구성된다. 둘째, 주체의 분할이 증가한다. 음성을 통해 성공한 것처럼 보이는 내면으로의 귀환은 결국 환상이며, 재획득은 기만이며, 자기 촉발은 순수 사변에 불과할 뿐이다.[53] 셋째, 주체는 차연의 운동과 변화로 양도된다. 물론 이런 변화는 항상 변형된 질료에서 일어난다. 본래적 주체란 존재하지 않기 때문이다. 따라서 주체에게 동일성도 실체성도 다가오지 않는다. 주체는 근본적으로 이런 차연의 체계에 의해 발생되고, 지속적인

---

52 J. Derrida, *Grammatologie*, übers. v. Hans-Joerg Rheinberger u. Hanns Zischler, (Frankfurt a.M.: Suhrkamp, 1998), 275.

53 참고. J. Derrida, *Dissemination*, übers. v. Hans-Dieter Gondek, (Wien: Passagen Verlag, 1995), 334.

변화에서 파악되는 산물 그 이상으로 간주되지 않으며, 자신과 동일시되지도 않는다. 그것은 은유 그 이상이 아니다.[54] 이런 산물 이전 주체는 존재하지 않는다. 따라서 자아는 그 자체로 텅 비어있는 피상이며, 보충되고, 그런 보충과 더불어 생성된다. 따라서 "주체의 고유성은 이런 재현하는 수용에 지나지 않는다."[55] 주체는 자신의 투영성, 자신의 부정적인 것, 그 이상이 아니다.

요약하자면 첫째, 전통적 의미에 있어 자의식과 주체는 존재하지 않는다. 본래적인 것과 선험적인 것은 그 자체로 현존적 의식이 아니며 차연, 즉 결핍과 이로부터 자라나는 현존에 대한 희망일 뿐이다. 둘째, 의식의 본질적인 비움을 야기하는 현존의 현상이 존재할 뿐이다. 자의식과 주체는 무엇보다 자신을 말하고 듣는 경험적 현상에 맞춰진 환상이다. 자의식에 있어 오직 음성의 가상적인 투영성에 대한 경험만이 다루어진다. 음성이 의식이기 때문이다. 셋째, 자의식은 차연의 영향이다. 차연의 체계가 주체성을 가능하게 혹은 불가능하게 한다. 따라서 주체는 차연의 체계에 의해 부가적으로 발생된 것과 다른 무엇이 아니다. 넷째, 이에 따라 자의식은 피할 수 없는 부작용이거나 시간적이며, 차이를 보이며, 따라서 촉발을 일으키는 구조에 대한 인식의 '현상'일지 모른다. 다섯째, 차연의 효과로 주체는 복잡한 시스템으로 구성된 네트워크의 결과이며, 대부분 반복 불가능한 시스템 조합의 우연한 결과라는 의미에

---

54 참고. J. Derrida, *Randgänge der Philosophie*, übers. v. Gerhard Ahrens u.a., (Wien: Passagen Verlag, 1999), 300.

55 J. Derrida, *Grammatologie*, 315.

서 개별성에 가깝다. 마지막 여섯째, 차연의 영향으로 주체는 그것의 운동과 변화에 종속되며, 이미 그 자체로 차이를 보인다. 그러므로 주체는 동일성이나 실체성을 보여주지 않는다. 자아는 결코 자신 안에 존재하지 않으며, 그 자체와 동일하지도 않다. 결과적으로 의식적 자아의 효과에 대한 이념적이고 순수한 형태는 존재하지 않는다는 사실이다.[56]

여기서 우리가 유의해야 할 점은 포스트모더니즘이 주체성의 죽음에 대한 실험적 놀이에 비유될 경우, 그 놀이는 주체의 완전한 무력화의 가능성을 보여주며, 주체는 이런 놀이의 형태에서만 자신의 위치를 차지할 뿐이라는 사실이다. 하지만 주체성의 완전한 무력화에 대한 이런 이념은 단순화되고 일방적이라는 사실 또한 간과해서는 안 된다. 주체성 자체의 파괴 내지 해체는 자신을 비롯해 세계를 혼란과 무질서 속으로 빠뜨리게 할 위험성이 존재하기 때문이다. 자칫 가변성과 모호성을 지닌 인간의 주체성은 자신과 맞닥뜨리는 세계에 갈등을 증폭시킬 수 있을 뿐이다.

2. 연결하는 주체

앞에서 그리스도인의 주체적 신앙의 철학적-신학적 토대가 주로 개별적인 자아의 내면성에 맞추어져 있다면, 본 장에서

---

56 데리다의 주체성과 차연의 관계를 국내의 다문화 사회에 적용시킨 글로써, '낯선 자' 혹은 '이방인'에 시선을 집중하여 새로운 주체성을 제시한 다음의 논문을 참고하라. 서용순, "이방인을 통해 본 새로운 주체성에 대한 고찰," 「한국학논집」 50(2013), 275-302.

는 그런 자아의 내면성의 문을 열고 바깥으로 나와 다른 자아들과의 관계에서 주체를 정립하는 '서로주체성' 내지 '상호주체성'(intersubjectivity)으로 방향을 돌린다. 하나님이 성부, 성자, 성령 삼위 간의 관계적 존재이듯이, 하나님의 형상을 따라 지음받은 우리 역시 관계적 존재로 지음받았기 때문이다. 따라서 진정한 주체성 정립은 파편적이며 분절된 주체에서가 아니라, 주체들 간의 상호작용(interaction)에서만 가능하다.

그러므로 이 장에서는 이런 주체와 주체들 간의 상호 관계성의 꽃을 활짝 피우게 한 칼뱅과 레비나스를 소환하여 그리스도인의 홀로서기를 타자와의 관계 속에서 정립하는 보다 높은 차원으로 격을 높일 것이다. 그들은 공통적으로 공동체성에 특별한 관심을 가진 자들로써 자아 중심적 코기토를 비판하면서 시대에 따른 새로운 주체 이해를 제시하려 했고, 각각 타자 중심적인 주체를 주장한다. 이를 통해 그들은 역사적 관점에서 나와 너, 우리의 관계를 설정하여 주체를 일상적 삶 속에서 새롭게 소개한다.

여기서 한 걸음 더 나아가, 연결하는 주체성을 영적 영역만이 아니라, 사회적 영역까지도 그 적용 범위를 확대해 나갈 것이다. 앞서 밝힌 바 있듯이, 영적 영역은 사회적 영역과 의미적으로 구별될 뿐이지, 실제로 서로 영향을 주고받는 상보적 관계에 있기 때문이다. 이런 관계성을 특히 오늘날 타자들과의 소통 및 협력을 중시하는 공동체 사회에서, 그 어느 때보다 공동체 구성원들 간의 새로운 관계를 모색해 가고 있는 상황에서, 그리고 증강하는 외국인 이주민과의 사회적 소통에 대한 관심이 매우 높아지는 현 상황에서 새롭게 정립시킬 수 있는 열린 주체사상과 사회적 소통의 중요성과 적용에 중점을 두고 접근해 볼 것이다.

1) 연결하는 주체로서 상호주체성

상호주체성의 개념을 처음 도입한 후설의 사고방식은 객관적 세계의 자명성에서 출발하는 것을 거부하고자 하는 다양한 입장의 사람들에게 커다란 영향을 주었다.[57] 자아가 타자를 만나 대화를 나눌 때 이미 자아 안에 타자의 현존을 혹은 타자 안에 자아의 현존을 경험하며, 이를 상호주체성이라 한다. 나는 나 아닌 다른 의식과의 연대, 즉 의식들의 공동체로부터 이해된다. 이 연대의 경험으로부터 의식 밖의 대상들이 자신의 고유한 자리를 갖는 '세계'라는 지평이 열린다. 결국 후설은 초월성에 대한 근원적인 탐구를 통해서 상호주체성의 토대를 발견한다.

사실 '상호주체성'을 명확하게 개념적으로 정의하기란 쉽지 않다. 이 개념은 다양한 학문적 분야, 그중에서도 해석학, 심리학, 사회학, 철학, 신학, 교육학, 인식론적 이론과 윤리학 등의 분야에서 다양한 뜻으로 해석되고 적용되기 때문이다.[58] 그럼에도 각 분야에

---

57 철학의 영역에서는 주로 사르트르(J.P. Sartre)와 메를로-퐁티, 사회학의 영역에서는 슈츠(Alfred Schutz) 등이 그러한 영향을 받은 사람들이다. 이들의 상호주체성 사상을 자세히 알려면 다음 책을 참조하라. J.P. Sartre, *Das Sein und das Nichts*(Hamburg: Reinbek, 1998); Maurice Merleau-Ponty, 『지각의 현상학』, 류의근 역(서울: 문학과 지성사, 2002); 김광기, 『이방인의 사회학』(서울: 글항아리 출판사, 2014); Pierre Thevenaz, 『현상학이란 무엇인가?, 후설에서 메를로 퐁티까지』, 심민화 역(서울: 문학과 지성사, 1995).

58 '상호주체성'의 개념이 심지어 정신의학계에서도 환자의 치료를 위해서 활용된다. 이에

공통적으로 통용되는 상호주체성의 뜻은 '상호 간 인정'이다. 인간의 자기이해를 위해 상호 간 인정은 본질적인 측면에 해당한다.[59]

상호주체성의 이론에 따르면, 자아는 타자와의 관계 안에서, 관계를 통해서 발전된다. 이 말은 독립된 자아란 존재하지 않으며, 타자와의 만남과 교류 속에서 형성된다는 뜻이다. 순수한 개인이란 존재하지 않으며, 반드시 상호주체성의 구조에서 주체가 형성된다는 뜻이기도 하다.

따라서 '상호주체성'을 몇 가지 단어로 요약하자면, '소통'과 '상생', '공감'과 '상호 인정' 등이다. 이런 단어들이 나타내고자 하는 것은 나와 너의 관계를 인격이나 가치에 있어 차별화된 관계가 아니라 동일한 주체와 주체의 관계이다. 과거 한때, 주인과 종의 존재가 사회적으로 용인되었던 것은 나와 너의 관계를 주체와 대상 혹은 객체로 규정했기 때문이다. 그 때문에 인간 간에 차별, 남녀 간의 성차별과 사회적 계층 간에 차별이 가능했다. 그런 차별화가 억압과 착취, 무시, 승자독식, 약육강식, 상대적 박탈감 등을 낳게 하였다. 이에 반해 '상호주체성'은 나와 너의 관계를 비록 자라온 환

대해 자세히 알려면 다음의 책을 참고하라. 손진욱, "자기심리학과 상호주관성 이론에서의 치료자-환자 관계," 「정신분석」 16(2005): 13-27.

59 이에 대해 자세히 알려면 다음의 책을 참조하라. A. Lailach-Hennrich, *Ich und die Anderen. Zu den intersubjektiven Bedingungen von Selbstbewusstsein* (Berlin/New York, 2011); Axel Honneth, *Unsichtbarkeit. Stationen einer Theorie der Intersubjektivität*, (Frankfurt/Main:Suhrkamp, 2003), 71-105. 여기서 '인정'이란 개념은 '동의하다', '알다', '받아들이다', '이해하다', '공감하다', '인내하다', '높이 평가하다', '깨닫다', '동일시하다', '신뢰하다' 등의 다양한 뜻이 포함되어 있다. Jessica Benjamin, *Die Fesseln der Liebe*, (Frankfurt a. Main: Fischer Taschenbuch Verlag, 1993), 19 참고.

경과 배운 지식이 다르며 가진 재산에 차이가 있다 할지라도 인격이나 가치에 있어서 동등함을 뜻한다. 상호주체성의 그런 의미가 무엇보다 종교개혁자인 칼뱅(John Calvin)의 신학사상에서 보다 명료하게 나타난다.

그런데 칼뱅의 상호주체성에는 앞서 살펴본 후설과 다르게 나와 너의 관계에 삼인칭 대명사인 '그'가 첨삭된다. 칼뱅에 따르면, 인간 간에 진정한 소통과 상생, 공감과 상호 인정이 본질적으로 불가능하다. 인간은 본질상 진노의 자녀로서 그 어떤 선할 일도 행할수 없을 정도로 '전적으로' 타락해 있기 때문이다. 인간 자체로부터 어떤 희망도 찾을 수 없으며, 오직 하나님의 자비하심과 사랑의손길을 통해서만 선한 삶이 가능해진다. 따라서 칼뱅에 있어 상호주체성이 성립하려면 자아와 타자 사이에 반드시 그분, 즉 하나님이 개입해야 한다.

칼뱅은 그리스도인을 이 세상에서 홀로 외로운 투쟁을 하며 살아가는 고독한 존재로 표현하지 않았다. 오히려 그는 개별자로서 그리스도인을 다른 사람들과의 관계 속에 존재함을 피력했다. "우리는 이웃들과 관계를 맺으며 그 어떤 보편적 유익을 위해 이 세상에 태어났다."[60] 무조건적인 사랑으로 선택하셔서 우리를 개별자로 세우셨던 하나님은 타자와 공동체를 형성하도록 우리를 부르셨다. 하나님 자신도 홀로 존재하는 분이 아니라 관계성 속에, 즉 성부와

---

60 Ioannis Calvini, *opera qua supersunt imnia*. hrsg. von Wilhelm Baum, Eduard Cunitz et Edward Reuss, 59 Bd. (Bruanschweig-Berlin, 1863-1900), 37.340. 이후 C.O.로 약칭 사용.

성자 그리고 성령과의 관계 속에 존재하기 때문이다.

따라서 자신의 형상대로 우리 인간을 지었다는 것은 우리를 관계 속에 존재하도록 지었다는 것을 뜻한다. 우리가 그렇게 관계 속에 존재한다는 것은 모두가 이웃의 도움과 수고가 필요하다는 의미 또한 함의한다.[61] 예수 역시 광야나 겟세마네 동산에서 사람들과 독립된 채 홀로 계시지 않았다. 제자들을 포함해 이스라엘 백성과 함께 머무셨고, 공동체의 삶을 사셨고, 또한 그렇게 살도록 가르치셨다. 따라서 그리스도인의 삶은 항상 사람들과의 만남 속에서 이루어지는 관계성을 추구하는 삶이라 할 수 있다. 이렇듯 칼뱅은 인간의 관계성의 본질을 인간을 만드신 하나님의 관계성에서 발견한다.

칼뱅에 의하면, 우리가 이 땅에 태어난 목적은 우리 자신이 아니라, 우리의 이웃을 위한 희생적 삶에 있다. 때문에 우리가 자신만을 위해 살아간다면 사나운 짐승보다 못한 삶이다. 이렇듯 칼뱅은 자아의 삶의 의미를 타자를 위한 희생적 삶에서 찾는 상호주체성의 진정한 대변자라 할 수 있다. "곤궁한 자를 도와주고 봉사하는 그리스도교적 사랑은 그 어떤 거창하게 꾸며진 예배보다 더 귀한 것이다."[62]

또한 칼뱅에 따르면, 하나님은 우리의 이웃 안에서 우리에게 다가오신다. 그리고 그리스도께 대한 우리의 믿음은 우리의 이웃이

---

61 C.O. 36,108.
62 C.O. 48,303.

요구하는 것을 들어줄 수 있는 준비하는 마음에서 더욱더 성장한다. "억압받는 자를 향한 동정심이 나에게 없었더라면, 하나님께서 베푸신 은혜를 나는 가질 수 없었을 것이다."[63] 반면에 "내가 이웃을 무시했더라면, 하나님께서는 나를 심한 고통 속에 빠뜨렸을 것이다."[64]

심지어 칼뱅에 있어 우리가 이웃을 위해 무엇을 할 수 있을까라고 자신에게 묻지 않는 것은 하나님을 무시하는 행위에 해당된다. 이웃은 우리에게 주어진 윤리적 현실성이며, 그 안에서 우리는 하나님의 뜻과 마주하기 때문이다.[65] 하나님의 형상(imago Dei)은 "공동체와의 거룩한 연합이다."[66] 이에 따라 이웃과 맺는 연대성은 자신에게 유익과 가치를 가져다주는 사람만을 친구로 삼는 이기심에서가 아니라, 모두를 다 포함시키는 사랑에 근거해야 한다. 심지어 원수에게조차 하나님께서 허락하신 선이 있음을 인정해야 한다. 그래서 칼뱅은 "만약 내가 이웃에 해를 끼친다면 그것은 하나님의 형상에 대한 공격이다."라고 말하기까지 한다.[67] 우리의 하나님은 또한 우리 이웃의 하나님이기 때문에 우리는 이웃에 속해 있다. 우리는 이웃과의 연대의식을 가져야 한다. "우리는 본 적도 없는 자들을 위해서도 기도해야 한다. 그들은 우리와 관계를 맺고 있기 때

---

63   C.O. 34.31.

64   C.O. 29.730.

65   C.O. 33.309.

66   C.O. 37.328.

67   C.O. 27.204.

문이며, 우리와 마찬가지로 하나님의 형상을 따라 창조된 이성적인 피조물이기 때문이다."[68]

하나님과 우리의 관계는 이웃을 향한 우리의 태도에 의해 결정된다. 일반적 의미에서 상호주체성은 '나'와 '너' 사이에서만 성립하지만 칼뱅에 있어서는 '나'와 '너'뿐만 아니라 3인칭 단수형인 '그'라는 지시대명사가 상호주체성의 핵심적 위치를 점한다. 아리스토텔레스의 철학사상에서 나타나는 개인주의와 개별적인 자기완전성을 지향하는 이념은 칼뱅의 상호주체성에는 전혀 찾아볼 수 없는 낯선 사상이다. 칼뱅은 공동체에 방해 요인으로 작용하는 개인주의를 거부했다. 개별성의 참된 의미는 개별성 자체의 힘과 실재성이 공동체에서 나온다는 사실을 깨닫는 데 있다.

칼뱅은 개별적 책임성과 자립성에 이의를 제기하지 않았지만, 개개인 모두의 특별한 위치와 소명을 공동체성 속에서 가져야 한다고 주장한다. 개별자와 공동체 사이에서 존재하는 연합이 허물어져서는 안 된다는 것이다. 양자 모두 하나님의 빛 속에서 드러나야 하기 때문이다. 개별자와 공동체는 유기적 관계에서 자신의 존재 근거를 갖는다. 우리 모두는 머리 되신 예수 그리스도의 지체이며, 상호적 관계 속에 연결되어 있다.[69] 이렇듯 칼뱅의 상호주체성은 철저하게 말씀에 입각해 있으며, 개인적이면서도 사회적인 특성을 갖는다.[70]

---

68   C.O. 27.329.

69   C.O. 24.724.

70   E. Brunner, *Der Mensch im Widerspruch*, (Zürich: Zwingli Verlag, 1965), 465.

칼뱅은 세상을 아름답고 평화롭게 만들 수 있다는 낙관론을 펴지 않았지만 하나님의 질서를 이 땅에 세우며, 이를 위해 그리스도인이 최선을 다해 섬기며 봉사하는 것에 만족해야 한다. 자신의 삶 속에 이웃 사랑을 실천하는 것이 칼뱅의 상호주체성 사상에 있어 핵심이다. "도움을 필요로 하는 형제들이 우리와 마주할 경우, 그들은 하나님에 의해 우리들에게 인도된 자들이다."[71] 따라서 우리가 가난한 이웃에게 도움의 손길을 내밀지 않는다면 우리의 모든 경건은 헛되며, 하나님이 기뻐 받으시지 않는 삶의 태도일 뿐이다.[72]

칼뱅의 상호주체성에 있어 우리가 유의해야 할 점은 타자에 대한 사랑이 자아의 자율적인 결정을 통해 이루어지는 것이 아니라는 사실이다. 인간의 자아는 다음 두 가지 특성을 갖기 때문이다. 첫째, 자기 자신을 모든 것의 중심에 위치 지우려는 이기적인 특성과 둘째, 모든 자아는 다른 모든 자 위에서 지배하고 군림하려는 매우 위험스런 경향을 갖는 특성이다. 칼뱅의 신학에서 하나님 중심적인, 즉 하나님과의 관계가 제일 중요한 것으로 부각되며, 그런 바탕 위에서 이웃과의 관계가 성립된다. 따라서 우리가 소외된 자들이나 억압받고 착취당하는 자들과 가난한 자들에게 도움의 손길을 펼친다 할지라도 진심어린 사랑으로 행하지 않을 경우, 그것은 위선이며 하나님께서 기뻐 받지 않으신다.[73] 심지어 칼뱅은 이웃에 대한 사랑 없는 믿음은 참된 믿음이라 할 수 없으며, "이웃에 대해

---

71 C.O. 23,252.

72 C.O. 34,560.

73 C.O. 30,143.

불의를 행치 않는다 할지라도 하나님을 무시하는 것이다. 우리의 인간성조차 어떤 가치도 지니지 않게 된다."[74]

나아가 칼뱅은 하나님과 이웃뿐만 아니라 하나님께서 만드신 창조물, 그중에서도 동물에 대한 사랑까지도 놓치지 않고 언급한다. 다시 말해 우리 그리스도인은 동물에 대해서도 인간에게 하는 것처럼 사랑으로 대해야 한다는 것이다. 이렇게 하는 것이 하나님의 뜻이기 때문이다. "자신의 말과 소를 거칠게 다루는 자는 이웃을 돌보지 않는 자와 같다 … 하나님께서 우리에게 허락하신 동물들을 박해하거나 거칠게 다루는 인간들은 야만적이다."[75] 이렇듯 칼뱅의 상호주체성은 사랑을 전제한다. 상호주체성의 핵심적 개념인 상호 인정과 소통, 공감과 연대의식을 가능하게 하는 근원적 능력이 사랑에 있기 때문이다.

한마디로 칼뱅의 독특한 상호주체성은 '타자를 받아들임'에서 형성된다. 때문에 그리스도인의 삶은 자신의 고유한 세계를 가지면서도 타자와의 연대성을 통해 이루어져야 한다. 우리의 이웃으로서 타자는 하나님이 자신을 드러내시는 장소다. 주체성은 타자에게 비친 하나님의 빛을 통해 발아되기 시작한다. 하나님은 타자 속에 자신을 은폐하는 방식으로 드러내신다. 타자는 하나님이 자신을 드러내시는 하나님의 '가면'(persona)이다. 이것은 다음 말씀에서 명확하게 알 수 있다. "너희가 여기 내 형제 중에 지극히 작은

---

74 C.O. 42,330.

75 C.O. 28,32.

자 하나에게 한 것이 곧 내게 한 것이라 … 이 지극히 작은 자 하나에게 하지 아니한 것이 곧 내게 하지 아니한 것이라"(마 25:40, 45).

이것은 자아에 대해서도 동일하게 적용된다. 자아는 하나님의 가면이다. 하나님은 자아 속에 자신을 은폐하는 방식으로 드러내신다. 타자를 거부하는 것이 하나님을 거부하는 것이라면, 자아를 감추고 살아가는 것은 하나님 없이 살아가는 것과 마찬가지다. 따라서 인격적인 사람은 타자를 인격적으로 인정해준다. 이런 의미에서 인격적이라는 개념과 상호주체성이라는 개념은 동의어일 수 있다. 그리고 여기에 사랑의 본질이 있다. 진정한 상호주체성은 사물 속에서 세계를 보고, 타자 속에서 하나님을 보는 사랑에서 완성된다.

오늘날 한국 사회에 만연해 있는 갑질의 횡포를 멈추게 하려면 두 가지 과제를 동시에 수행해야 한다. 수평적 연대에 기반을 둔 공동체성 회복과 진정한 권리와 책임을 함께 절감하는 의미의 개인을 완성하는 것이다. 이 세상에는 '남'이라는 것은 없다. 일반 동물과 달리 인간은 군중 동물이다. 혼자서는 생존할 수 없으며, 타자와 소통하지 않고는 성장할 수도 없다. 인간의 특징이라면 언어 구사 능력이다. 언어는 철저히 사회적이며 인간을 나누고 구분 짓는 역할을 한다. 언어는 경계선을 긋는 동시에 그 경계선을 초월하게도 한다. 남이라는 것이 없듯이 남의 아픔이라는 것도 없다. 그러므로 남의 아픔도 자기의 아픔으로 느껴야 한다.

이사야 선지자는 하나님의 나라가 도래하는 그날을 상상하며 "그 때에 이리가 어린 양과 함께 살며 표범이 어린 염소와 함께 누우며 송아지와 어린 사자와 살진 짐승이 함께 있어 어린 아이에게 끌리며 암소와 곰이 함께 먹으며 그것들의 새끼가 함께 엎드리며 사자가 소처럼 풀을 먹을 것이며 젖 먹는 아이가 독사의 구멍에서 장난하며 젖 뗀 어린 아이가 독사의 굴에 손을 넣을 것이라."(사 11:6-8)고 하였다. 하나님이 통치하는 하나님의 나라는 더 이상 승자독식과 약육강식이 존재하지 않을 것이다. 더 이상 갑을의 관계가 존재하지 않으며, 갑질도 을질도 없다. 인류의 소망은 하나님의 나라가 이 땅에 도래하는 것이다.

2) 타자의 얼굴에 연결되는 주체

상술한 바 있듯이, 데카르트를 필두로 한 이성 중심의 '코기토'와 인간의 자의식에서 신의 절대정신의 자기전개가 펼쳐짐으로써 신과 인간의 이성적 관련성을 제시한 헤겔의 철학은 결국 보편타당성, 전체성, 통일성 및 동일성의 이름으로 인간 바깥에 존재하는 모든 사물과 타자를 포섭하고 흡수하려는 강제성과 폭력성을 낳았다. 그것은 인간 간의 차별화를 초래하였고, 자연 세계를 인간과 더불어 공존의 대상이 아니라, 인간의 입의 만족과 눈의 즐거움을 채우는 수단으로 전락하여 자연을 마구 파괴하고 훼손하는 폭군과 점령자의 모습으로 비춰졌다.

이런 근대철학 사상에 대한 반성으로 레비나스(Emmanuel Levinas, 1906-1995)는 이성 중심의 자아에서 타인의 얼굴로 중심축의 대이동을 선포하기에 이른다. 자아의 자아성이 타자의 얼굴에 의해 확립되기 때문이다. 즉 자아성은 자아의 자율성과 독립성에서 비롯된 것이 아니라, 타자에 의해 호명되고 지명됨으로써 타자의 윤리적 호소와 간청에 이끌림을 받는 책임적 사명감을 동반하기 때문이다.

레비나스에 따르면, 상호주체성은 우선 자아와 타자와의 분리, 즉 '홀로 있음'에서 출발한다.[76] 여기서 분리는 자아의 내면성, 즉 자아의 개별화를 의미한다. 나와 너의 분리는 상호주체성의 윤리적 관계를 위해 절대적으로 요구된다고 주장한다. 타자를 자아 안에 강제적으로 흡수시키거나 통합시킴으로써 자기 지배적인 경향을 띨 수 있기 때문이다. 따라서 자아의 폭력성을 피하기 위해 타자의 고유성과 다름을 인정해야한다.[77]

그런데 문제는 자아와 자아들 사이의 분리가 이처럼 유지되어야 한다면, 이들 사이의 상호소통이 어떻게 가능한가이다. 또한 자기보존성을 지닌 이기주의적 존재가 어떻게 타자의 타자성을 빼앗지 않고 타자와의 관계가 가능한가다. 즉 자아와 타자 사이에 분리를 유지하는 동시에 연결시키는 윤리적 관계 형성이 어떻게 가능한가다. 레비나스에 따르면, 타인으로서의 타자는 어떤 경우에도 나에게로 통합시킬 수 없는 내면성, 절대적인 다름, 절대적인 타자성을 지녔고, 아울러 이 같은 타자성을 존중해주는 관계에서만 타자와의 올바른 관계가 형성된다.[78]

---

76   Emmaneul Levinas, 『윤리와 무한』, 양명수 역(서울: 다산글방, 2000), 67-78 참고.

77   김연숙, 『레비나스 타자윤리학』(고양: 도서출판인간사랑, 2002), 84-93 참고.

78   Emmaneul Levinas, *Totality and Infinity*, trans. Alphonso Lingis, A., (Nerherlands: Kluwer

이 물음에 대한 레비나스의 답은 '타자에로의 초월'(la transcendance)과 타자를 향한 '열망'(desir)에서 찾는다. 그에 따르면, 인간은 안으로 향하여 자기중심적인 내면성을 유지하는 존재인 동시에 밖으로 향하여 타자를 향한 존재이다. 그러므로 자기중심적인 내면성을 지닌 자아성으로부터 다른 자아를 향하여 초월해간다. 이 같은 초월, 나로부터 타인에로의 초월이야말로 올바른 관계 형성의 계기라 할 수 있다. 타자에 대한 열망과 타자에로의 초월이야말로 자아가 타자를 대상화하여 자아 안으로 포섭하고, 자기화하고, 장악하고, 동일시하는 방법과 구분된다. 이 같은 초월적 관계에서 타자의 근본적인 다름과 타자성은 절대적으로 보존되며 존중받을 수 있다.[79]

레비나스는 이 같은 상황을 '가까움(proximite)'의 개념으로 설명한다. 가까움은 타자를 완전히 자기화하는 통합이나 타자에 대해 완전히 무관한 분리와는 다른 방식으로 타자와 관계 맺는 방식이다. 타자의 가까움은 타자에 대해서 무심할 수 없이, 자기의 동일성에서 편안히 거할 수 없이, 타자의 어려움과 이웃의 고난을 방관할 수 없는 자아성을 뜻한다. 타자에게 향하고 접근하면서 타자와 가까워지는 영혼의 상태이다.[80]

레비나스는 이기적 자아로부터 윤리적 자아(그리스도인에게는 '거듭난 자아'로 칭함)로의 전환을 통해 형성되는 주체성을 '동일자 안

Academic Publishers, 1991), 183. 김연숙, 『레비나스 타자윤리학』, 96에서 재인용.

79   Emmaneul Livinas, *Totality and Infinity*, 33-5. 김연숙, 『레비나스 타자윤리학』, 110에서 재인용.

80   김연숙, 『레비나스 타자윤리학』, 110-117 참고.

의 타자'로 묘사한다. 그것은 내가 타자의 호소와 요청을 받아들이면 받아들일수록 내 안에 타자의 크기가 커져 가고, 타자에 대하여 더욱 큰 책임을 느끼면서 커져 가는 윤리적 자아를 의미한다.[81]

요컨대 이웃에 대한 책임과 열망이야말로 주체의 주체성이자 고유성이다. 타자의 요청에 응답하는 자아의 고유성은 타자에 의해 사로잡히는 고통 받는 상처에서 형성된다. 여기서 상처는 타자가 요구하는 도덕적 요청에서 고통 받는 타자에 의해 고무된 자아를 뜻한다. 윤리적 자아는 이웃에게 다가가며 대가를 바람이 없이 응답한다. 바로 이 과정에서 어느 누구도 대신할 수 없는 자아의 고유성이 발생한다. 가까이 있는 타자에 의해 사로잡힌 자아의 고유성, 그것은 동일자 안의 타자다. 그것이 바로 나고, 다른 이에 사로잡힌 나다. 따라서 자아의 자기동일성보다 타인이 더 우선적이라는 데에 윤리적 의식의 본질이 있다. 자아는 타인과의 관계를 통해서만 비로소 자아일 수 있기 때문이다.

이렇게 자아는 타자를 지각함으로써 수용한다. 내가 타자를 수용할 때, 타자는 더 이상 나의 존재를 위협하는 침입자가 아니라, 내면의 닫힌 세계에서 밖으로의 초월을 가능케 하는 유일한 접점

---

81   참고. 위의 책, 196-203. 레비나스에 의하면, 서양철학은 존재자의 근원이 무엇인가에 초점을 맞춘 형이상학적 존재론과 존재자의 본질을 그대로 파악하고자 하는 인식론의 역사였으며, 그 중심에는 인간의 주체적 자아가 있었다. 그는 이러한 자아중심적인 존재론과 인식론을 거부하고 윤리학이 그보다 더 우선한다고 주장한다. 그는 "나는 생각한다. 그러므로 나는 존재한다"라는 데카르트의 명제에서 단적으로 나타나는 '생각하는 나' 대신 '윤리적인 나'가 모든 논의의 중심에 있어야 한다고 생각했다. 자아의 자기동일성이 타인의 타자성에 근거한다는 사실에서 새로운 윤리의 가능성이 열린다고 주장한다.

이다. 우리는 타인과 함께 살아가기를 주장하기 이전에 먼저 타인의 절대 타자성을 인정해야한다. 그럴 때 비로소 타인은 극복의 대상이 아니라, 함께 살아야 할 상생(相生)의 존재자로 다가온다. 나아가 타인의 얼굴은 상생을 요구하는 신의 목소리로 우리에게 다가온다.

레비나스의 이런 구상은 근대철학 사상에서 나타나듯이, 타자가 자아에 의해 포섭되거나 흡수됨으로써 억압과 폭력을 동반하는 동일성 내지 전체성을 피하려는 의도에서 나온 것이다. 자라온 환경이 다르고, 배움의 정도가 다르고, 소유에 차이가 나며, 지적 능력에 차이가 있고, 감수성이 다르고, 얼굴 생김새가 다를지라도 인간으로서 가치와 인격에 있어 차별화가 이루어져서는 안 된다. 이런 뜻을 지닌 상호주체성에 온전히 이르기 위해서는 먼저 자아와 타자가 엄격히 구분되어야 한다. 자아는 자아로서 타자는 타자로서 그 경계가 명확해야지 양자 간의 온전한 상호적 관계 맺기가 가능해지기 때문이다.

레비나스는 여기서 한 걸음 더 나아가 자아와 타자와의 관계에 있어 근대철학에서 그러했듯이, 차별하는 주체로서의 자아와 차별받는 대상으로서의 타자가 뒤바뀌는, 소위 '역차별'을 주장하기까지 한다. 즉 자아가 타자에 포섭되고, 심지어 인질로 사로잡힌다는 극단적인 표현을 사용하기까지 한다. 타자가 '갑'이라면 자아는 '을'이 되는 위치전복이 일어난다. 여기서 타자는 '절대적' 존재로서 자아에 의해 포섭되거나 동화될 수 없는 독립적 영역을 갖는다.

레비나스에 의하면 절대적 타자가 결코 자아에 의해 동일화될 수 없다 함은 그것이 자아의 능력을 무한히 벗어나 있음을 의미하며, 바로 이러한 이유에서 절대적 타자는 참다운 의미의 초월자 혹은 무한이라 불릴 수 있다. 무한이란 바로 전체성에 저항하면서 전체성의 영역을 파멸시키는 영역이며, 바로 타자에 대한 절대적인 책임감을 그 생명으로 하는, 타자와의 참다운 윤리적인 관계가 가능한 곳이다.[82]

레비나스에게 타자는 세 가지 종류, 즉 '사물 세계', '타인' 및 '신의 관념'이다. 여기서 '타인'과 '신의 관념'은 나의 의도성을 지닌 의지에 의해 포섭되거나 조정될 수 없는 독립된 개체로서 범접할 수 없는 영역이다. 반면 '사물 세계'는 자체적으로 주체성이나 인격을 갖지 못한 환경적 '요소'로서 자아의 의도에 좌우되는 수동적 사물 세계를 뜻한다. 때문에 타자로서 타인과 관계 맺기 전 사물 세계는 인간의 자아에 의해 통제되는 욕구충족의 대상에 지나지 않는다. 하지만 타인이 자아로 진입하는 순간, 사물 세계는 자아의 욕구충족과 이기심의 대상에서 허물을 벗어던지고 몸성에서 용출한 타자의 배고픔, 목마름, 연약함, 결핍 등에서 부르짖는 간곡한 호소와 간청을 채워주는 윤리적 기제로 변모한다. "예를 들면, 타자는 향유적 자아에게 욕구의 대상, 노동의 질료, 소유의 대상이지만 다른 사람과의 윤리적 관계를 통해 형성되는 사물과의 관계는

---

82   이남인, "상호주관성의 현상학—후설과 레비나스," 「철학과 현상학 연구」 18(2001), 19.

욕구의 절제, 탈소유로의 전환이 이루어진다."[83] 이렇게 해서 레비나스는 동일성을 자아가 아니라 타자에 접목시켜 그 수액과 영향소를 공급받아 자아의 동일성을 배양시키고자 한다.

이렇듯 레비나스의 상호주체성 이론은 논증되어야 할 '자아의 동일성'을 논증의 근거로 삼는 피히테(Fichte)의 순환논증(循環論證)[84]도 아니요, 자의식의 형태에서 타자와의 변증법적 대립으로도 이해하지 않는다. "자아는 항상 동일하게 머물러 있는 존재가 아니라, 모든 존재에 의해 자신의 동일성을 발견하면서 자신의 존재를 확립시키는 존재이다."[85] 자아는 선험적으로 고착화되거나 정형화된 존재가 아니라, 외재적인 것에 둘러싸여 영향을 주고받으면서 자라나는 '생성' 혹은 '됨'의 특성을 갖고 있기 때문이다.

레비나스는 서양의 주체철학과는 달리 자아 속에 고립된 채 갇혀 있는 자신을 자유롭게 하기 위해 타자와 관계를 맺게 함으로써 자아에 대한 개념을 발전시켜 나간다.[86] 이를 통해 그는 자신의 현상학을 타자철학으로 향하게 한다. 타자의 실존은 모든 것을 포섭하려는 전통철학의 주체에게 그것을 다 담을 수 없는 현실을 보여준다. 왜냐하면 원초적 현실성이자 나를 주시하는 얼굴로서 타자는 나의 인식범위와 통제에서 벗어나 초월성과 무한성을 지니며,

---

83 위의 책, 271.

84 참고. Emmanuel Levinas, *Totalität und Unendlichkeit*, (Freiburg/München: Alber Verlag, 1993), 41. 이후 TU로 약칭 사용.

85 참고. TU, 40.

86 참고. E. Levinas, *Die Zeit und der Andere*, hrg. von Ludwig Wenzler, (Hamburg: Felix Meiner Verlag, 1991), 22.

관찰하는 자로서 주체의 조작능력을 제어시키기 때문이다. 따라서 주체는 타자를 현상의 원리로 인식한다.

자아와 타자 간의 만남이 가져다준 관계는 자아의 일방적인 발의로 인해서 이루어진 것이 아니다. 만약 그렇다면, 레비나스 자신이 근대의 주체철학에 대해 비판한 것과 별반 차이가 없다는 혐의에서 벗어날 수 없을 것이다. 오히려 레비나스는 타자 자신이 이관계에서 주도권을 갖는다는 견해이다. 여기서 그는 타자와의 관계의 시작을 구성하는 '부름'이나 '직감'의 순서에 대해 생각한다. 즉 자아가 타자의 얼굴을 대면하는 순간, 자신에 의해 보호받기를 요청받는다는 견해이다. 타자는 고아와 과부, 가진 것이 없고 배우지 못한 자, 소외되고 억압받는 자 등 사회적으로 약자를 뜻하기 때문이다.[87] 타자의 얼굴과 마주하자마자 책임에 대한 호출로서 자아에 의해 감지된다. 책임으로의 이런 소환은 거절될 수 없다.[88] 아니, 레비나스는 이런 소환을 뿌리칠 수 없을 뿐만 아니라, 그 소환에 '인질로 붙잡힌 자'라는 극단적인 표현을 서슴지 않는다. 그런 타자와의 마주침은 선택의 문제가 아니라, 책임과 의무를 지닌 윤리적 명령으로 다가온다. 책임으로 부름 받은 윤리적 명령이 타자

---

87 이상철은 이런 타자에 대한 21세기형 버전으로 다음과 같이 소개한다. "여기서 말하는 타자들이란 신자유주의 체제 속에서 새롭게 등장하는 타자들과 호환가능하다. 예를 들면 이주 노동자, 다문화 가정, 노숙자, 난민 등과 같이 나그네 된 사람들, 혹은 사회적 편견과 괄시 속에서 권리를 박탈당한 사람들(예: 신체장애자, 성 소수자, 미혼모 등)이 그들이다. 이들은 모두 전체성의 논리에서 보자면 동일성 안으로 포함되지 못하고 변방에 머물렀던, 레비나스가 말하는 타자의 21세기형 버전이라 할 수 있다." 이상철, "본회퍼와 레비나스의 타자의 윤리," 「신학연구」 Vol.52 No.1(2015), 69.

88 TU. 289.

에 기원을 두고 있기 때문에 타자가 비로소 인식된다.[89]

이렇듯 책임에 대한 요구가 윤리적인 명령이므로 레비나스는 존재론의 영역 이전에 윤리의 영역을 제시한다.[90] 그에게 타자의 존재는 책임을 동반한 부름을 의미하기 때문이다. 따라서 그에게 윤리가 첫 번째이고, 존재론이 두 번째 위치를 점한다. 이것은 윤리가 주체로부터 결정된다는 계몽주의의 이해, 특히 모든 도덕 개념은 이성에서 "완전히 선험적으로 기원한다."[91]는 칸트의 윤리 사상으로부터 단절을 의미한다. 따라서 주체에 대한 레비나스의 이해에 따르면, 인간은 책임을 수용하는 것에서 비로소 자아로 존재하게 된다.

이에 더하여 자아에게 참된 자유는 타자에 '얽매임' 내지 '인질로 붙잡힘'에서 주어진다. 달리 말해 주체의 자유는 타자에 대한 책임에서 빛이 난다. 따라서 레비나스에게 인간의 자유는 상반된 가치의 역설적 의미로 드러남으로 인해, 인간은 자유와 책임의 조화 속에서 살아가거나, 또는 책임 있는 자유 속에서 살아간다. 자유에 대한 레비나스의 이런 이해는 주체 자체에서 타자로 초월해가

---

89 "레비나스의 책임은 보다 근원적인 것으로서 책임 그 자체가 주체의 근본적인 개념 가운데 포함되어 있다고 할 수 있다. 다시 말해 주체의식을 가진 인간이면 누구나 다 윤리적으로 책임적인 존재이다. '나'라는 주체는 타인에 대해 책임을 지고 있는데, 개별 주체로서 나의 존재는 전적으로 타자와의 관계 가운데 얽혀 있기 때문이다." 박원빈, "신학담론으로서 타자윤리의 가능성과 한계," 「기독교사회윤리」16(2008), 229.

90 TU. 289.

91 I. Kant, *Grundlegung der Metaphysik der Sitten*, in: (Hg.) W. Weischedel, Werkausgabe VII, (Frankfurt a.M.: Suhrkamp, 1989), 38.

는 방법을 가능케 한다.[92]

레비나스는 종교개혁자인 마르틴 루터의 "자유"에 대한 사상, 즉 '주인'과 '종' 됨의 변증법적 관계에 동의하여, 주인으로서 타자의 자유를 위해 종으로서 자신의 자유를 포기할 때, 아무에게도, 아무것에도 얽매이지 않는 참된 자유를 누릴 수 있다고 주장한다. 이렇게 주체는 자기 자신으로부터 멀어져가면서 자신 그 자체로 존재한다. 이에 따라 레비나스는 데카르트나 칸트처럼 주체성을 인식과 행위의 중심이 아니라, 타자를 향한 "위함의 구조"(Für-Struktur)로 특징짓는다. 자아는 얼굴로 다가오는 타자에게 윤리적으로 말을 걸고 대응함으로써 그 가치를 갖는다.[93] 결국 레비나스에게 자아의 자아성은 타자를 위한 책임성에서 그 본질을 찾을 수 있다.[94]

지금까지 살펴봤듯이, 레비나스에게 상호주체성의 개념은 타자의 면전에서 자아의 주제화로 시작된다. 이 개념의 특징은 타자가 서구철학에 있어 고전적인 '주체-객체' 도식의 의미로 인식되지 않는다는 점에 있다. 주체-객체의 도식에서 타자에 대한 인식은 앞에서 레비나스가 강하게 비판했던 타자의 객체화로 이어진다. 이런 인식은 결국 내재성 속에 갇혀 있음으로 인해 한계성을 지니며, 결국 인식 자체의 가능성에 의문이 제기된다. 반면 타자만이 진

---

92   참고. E. Levinas, *Jenseits des Seins oder anders als Sein geschieht*, (Freiburg/München: Karl Alber Verlag, 1992), 52.

93   참고. TU. 283.

94   Levinas, *Humanismus des anderen Menschen*, 110.

리 인식에 일치한다. 이것은 무한자로서 타자에서만 진리인식이 가능하기 때문이다. 더구나 주체는 타자에 의해 초월의 경험이 가능해지기 때문에 타자는 무한자의 계시로서 간주된다.[95] 이에 따라 레비나스에게 진리는 관념적으로가 아니라, 타자의 계시 '사건'에서 인식된다.

여기서 한 걸음 더 나아가 자아가 타자에 참여함으로써 진리는 사회적 구조로 드러나는데, 이것은 진리와 공동체 간에 직접적인 관계가 성립되기 때문이다.[96] 따라서 진리에 참여하는 인간의 자기실현은 타자와 공동체를 함께 일구어가는 것에 달려 있다. 공동체 속에 존재하는 인간은 '되어감'의 존재이다. 결국 레비나스에 있어 타자들과 공동체 속에서 '되어감'은 신과의 공동체 속에서의 '되어감'이다.

그런데 레비나스에게 초월적 신은 타자의 얼굴에서 현현한다. 즉 "신적인 차원이 인간의 얼굴에서 계시된다."[97] 그러나 여기서 얼굴은 질료적으로 사람의 얼굴이 아니라, "신이 계시되는 위엄의 선포"를 뜻한다.[98] "이때 얼굴은 레비나스에게 있어 현시가 아니다. 얼굴은 물리적 시·공간에 위치를 점하는 감각적인 상이 아니라는 말이다. 얼굴은 우리에게 깊이와 근거를 알 수 없는 흔적으로 남아 있지만, 그럼에도 불구하고 얼굴은 우리를 향해 침투하고 관여하

---

95   참고. TU. 25.

96   참고. Eberhard. Jüngel, *Gott als Geheimnis der Welt*, (Tübingen: Mohr Siebeck, 2001), 486.

97   TU. 106.

98   TU. 107.

면서 우리를 향해 손짓하고 아우성을 치며 우리의 응답을 촉구한다."[99]

레비나스에게 신은 피안의 세계가 아니라 차안의 세계, 즉 이 사회에 현존해 있다. 이 사회는 초월자가 우리에게 요구하고 우리를 부르는 영역이다. 동시에 이 사회는 신이 '주시'하는 절대적인 장소이자 타자의 법으로서 '의'가 만연해야 하는 장소다. 따라서 종교는 천국으로 도피하는 "수직적인" 것이 아니라, "수평적인" 것으로 이해된다.[100]

사실 상술한 레비나스의 타자 중심적인 사상을 기독교 신학사상에 입각해 비교·분석해 본다면, 그대로 인정하거나 수용하기에는 다소 한계점이 있음을 부인할 수 없다. 그 중에 대표적인 것으로써 '신론'을 들 수 있다. 예수 그리스도 안에서 회복된 신-인간의 상호주체성은 신학적 관점에서 보자면, 인간 간의 상호주체성의 가능성이자 토대이다. 하지만 레비나스에게 신은 오로지 상호 인간적 관계에서만 나타나고 알려질 수 있기 때문에, 이 관계를 넘어 신의 존재 유무를 알 수 없게 된다. 신의 본질은 다만 이런 관계에서만, 그리고 타자로부터 출발하는 윤리적 명령에서만 인식된다. 그러므로 레비나스에게 신은 "윤리적 명령" 이외 다른 무엇이 아니다.[101]

---

99 이상철, "본회퍼와 레비나스의 타자의 윤리," 66.

100 Levinas, *Zwischen uns: Versuche über das Denken an den Anderen*, hrsg. von Frank Miething, (Carl Hanser Verlag, 2007), 93.

101 Levinas, *Die Spur des Anderen*, 62.

신학적 관점에서 보자면, "내 안에 계신 그리스도"(갈 2:20)께서 인간 간의 상호주체성의 현존 방식을 대변한다. 인간을 포함해 하나님의 피조물은 하나님의 세계로서 서로 사랑하는 관계로 맺어져 있음을 발견하고 회복시켜 가야 한다. 이것은 구원하시는 하나님의 사랑이 선포됨으로써 발생한다. 타자와의 만남이 아니라, 이런 선포를 통해 신이 인식된다고 말할 수 있다. 따라서 "타자와 더불어 존재"로서 주체에 대한 담론은 단지 소통과 교제의 제한된 이미지일 뿐이며, 따라서 인간의 실현일 뿐이다.

하지만 그런 한계점이 있음에도 불구하고 타자의 얼굴에서 자아의 정체성 및 주체성을 정립하려는 레비나스의 사상은 오늘을 살아가는 우리들에게 많은 시사점을 제공해 준다. 때문에 국내 목회자들의 주체성에 포섭되어 평신도들의 주체성이 편협되거나 왜곡된 현실에서 주체성에 대한 재해석(reinterpretation) 및 재형성(reform)을 위한 발판으로 삼을 필요가 있다.

전통적으로 한국인을 일컬어 남을 배려하고, 약한 자들을 도와주고, 주린 자들에게 따뜻하게 밥 한 끼 정도는 기꺼이 대접할 줄 아는 정(情)이 넘치는 민족이라 하였다. 심지어 감나무에 열린 감을 다 따지 않고 까치를 비롯해 날짐승들이 먹으라고 남겨두는 일명 '까치밥'을 통해 미물들에게조차 배려를 베푸는 따뜻한 민족성을 가지고 있었다. 하지만 현 국내 상황을 살펴보면 상호 존중과 배려와 상생 대신에 갈등과 분열, 혐오, 차별, 증오로 가득 차 있다. 이로 인해 서로를 질시하고 반목하고 무시함으로 분노로 가득 찬 한국 사회의 자화상을 보게 된다. 자아와 타자 사이에 상생과 공존,

그리고 상호간 인정을 지향하는 상호주체성이 시급히 요청되는 시기다. 이런 상황에서 레비나스의 상호 주체적 사상이 오늘의 일그러진 한국 교회와 사회를 추스르고 정립시킬 새로운 대안으로 기여할 수 있기를 기대해 본다.

V

주체적 신앙 정립을 위한
실천적 대안모색

✦ ✦

　　지금까지 그리스도인의 주체적 신앙 확립을 주로 이론적인 측면에서 접근했다면, 이제 그 이론의 실천적 적용에 초점을 맞춰 몇 가지 제언해 보고자 한다. 한국 교회 현실을 들여다보면, 성도들의 '신앙적 홀로서기'의 기반이 취약하여 오랜 세월이 흘렀는데도 목회자의 설교에 목매달거나 세상과 교회를 엄격히 구분하여 교회에서만 신앙 확립을 세우려는 안타까운 현실을 보게 된다. 때문에 그 대안으로 시간과 공간을 초월하여 '일상 속에서' 신앙적 홀로서기를 확립할 것을 제언한다. 물론 여기서 말한 성도의 '신앙적 홀로서기'란 신앙 정립을 목회자의 도움 없이 가능하다거나 교회를 다니지 않고서도 가능하다는 뜻이 아니라, 교리교육이나 홀로 성서를 읽어도 내용을 어느 정도 이해할 수 있을 정도의 지식이 동반된 성서연구를 통해 확립한다는 것을 뜻한다. 이를 통해 하나님 나라의 '거대담론'이 아니라 '미시담론'이 형성되어 하나님 나라의 저변화가 가능해질 것이다.

이를 위해 평신도를 위한 '신학 교육'과 '기독교 교양교육'을 제시한다. 신학은 신학자, 목회자 및 신학생의 전유물이 되어서는 안된다. 왜냐하면 모든 그리스도인은 예수를 그리스도로 고백하는 순간 이미 신학 함(Doing Theology) 속에 들어와 있기 때문이다. 하나님을 믿음과 동시에 우리가 입술로 고백한 신앙을 끊임없이 사유하고 삶에 적용시켜 나가는 것 자체가 신학이기 때문이다. 성서를 보다 깊이 이해하기 위한 노력은 지성과 관련 없는 영적인 영역으로만 생각되었다. 따라서 신학의 중요성이 도외시되고 신앙에 대한 논리성과 비판의식이 결여되어 왔다.

따라서 오랫동안 신앙생활을 했음에도 진리에 관해서는 여전히 유아 수준에 머물러 있으면서도 전혀 문제의식을 느끼지 못한 결과, 다가오는 세상의 "모든 교훈의 풍조에 밀려다니게" 된다(엡 4:14). 교회 안에서는 믿음이 좋은 사람인 양 행동할지 모르지만, 정작 세상 속에서는 각종 값싼 이데올로기나 특정 정치적 이념에 치우쳐 나약한 신앙인의 모습을 보일 뿐만 아니라, 각종 문화적 공세에도 적절하게 대응하지 못하고 끌려다니는 나약한 신앙인의 모습을 여지없이 드러낸다. 그 결과 오늘날 기성교회를 위협하는 이단들(신천지, 통일교, 구원파, 하나님의 교회 등)의 거센 공격에 무방비 상태로 노출되면서 많은 성도가 교회를 떠나는 안타까운 현실과 마주해 있다. 뿐만 아니라 목회자의 잘못된 말과 생각에 쉽게 흡수되어 자신의 주체적 신앙이 약화되는 안타까운 현실 또한 보게 된다.

이런 상황에서 신학은 평신도들에게도 가르쳐져야 한다. 그들의 신앙을 체계적이며 풍성하게 만들어 주어야 한다. 아는 것과 믿는 것이 하나가 되게 해야 한다. 교회에서 평신도가 객체가 아니라, 주체 혹은 행위자로서 자신의 신앙적 정체성(identity)을 분명히 해야 함이 시대적 요청이다. 이제 그리스도인의 주체적 신앙 정립을 위해 성도들에게 신학을 배울 기회를 주어야 할 것이다.

이를 위한 구체적 대안으로 평신도를 위한 '신학강좌'와 '기독교 교양강좌'를 제언한다. 가령 신학 강좌에서 다룰 분야로 '교리연구', '기독교 윤리연구', '성서연구' 등을 들 수 있는데, 이는 평신도들이 알기 쉽게 배울 수 있는 차원에서 구성해야 할 것이다. 다음으로 '기독교 교양강좌'를 들 수 있는데, 신학 강좌만 개설하다 보면 세상을 바라보는 균형 잡힌 시각을 놓쳐버릴 수 있어서, 일반은총으로 주어진 세상 것과도 접속시키는 '기독교 교양 프로그램'을 고려해 볼 수 있다. 가령 '영화로 보는 신앙세계', '음악으로 듣는 신앙세계', '그림으로 만나는 신앙세계', '문학으로 읽는 신앙세계' 등을 들 수 있다.

1. 신학 강좌

그리스도인 홀로서기가 가능해지려면, 설교에 목매달거나 목회자의 품에서 벗어나 신앙의 길을 스스로 판단하고 걸어갈 수 있을 정도의 기본적인 자질과 능력을 갖추어야 한다. 이를 위한 필연적인 전제는 무엇보다 교리를 바탕으로 한 성서에 대한 바른 이해, 해석 및 적용이다. 교리는 성서에 대한 바른 이해를 가능하게 하는 길라잡이 역할을 하기 때문이다. 따라서 본 장에서는 "설교에 목매 달지 말자"는 제목으로 설교의 개념을 비롯해 의의 및 적용 등을 먼저 살펴볼 것이며, 설교의 방향 설정을 위해 빠트릴 수 없는 교리를 윤리와 접속시켜 "교리를 알면 삶이 보인다"는 제목으로 그 조응(照應) 관계 또한 탐색해 볼 것이다.

1) 설교에 목매달지 말자

여기서 "설교에 목매달지 말자"는 것은 설교를 중요시하지 않거나 가벼이 여긴다는 뜻이 아니라, 부모가 떠먹여 주는 것만 받아먹으려는 성숙하지 못한 어린아이처럼 목회자 입에서 선포되는 말씀에만 의존한 채, 본인 스스로 성경 말씀을 이해하고 해석해서 자신의 삶에 적용하려는 노력 자체를 포기하는 경향을 들추어내는 말이다.

로마 가톨릭에서 있어 미사의 중심이 '성찬식'에 있는 것과는 달리, 개신교에서 예배의 중심은 말씀 선포로서 '설교'에 있다. 하나님의 말씀을 전하는 설교는 하늘 문을 열어 하나님을 만나 교제를 나누며 관계를 맺게 하는 접점으로서 진리의 세계를 맛보게 한다. 하나님은 구원을 약속하는 말씀으로 우리에게 오시기 때문에, 우리도 말씀을 믿는 것 말고 달리 하나님의 구원을 믿을 길이 없다. 또한 하나님은 장래 우리에게 주어질 하늘나라에서의 삶을 말씀으로 드러내셨다. 이런 말씀의 목적은 우리가 하늘나라에 이르기까지 사단이 인간에게 둘러치는 두터운 암흑과 혼란을 끝까지

헤쳐 나갈 수 있는 길을 알려주는 빛을 말씀으로 준다는 데 있다. 그래서 종교개혁자인 칼뱅은 하나님의 말씀을 "이 땅 위에 있는 한 조각의 하늘"로 표현한다. "왜냐하면 비록 그것이 우리가 살고 있는 땅으로 내려와 살면서 우리의 귀로 들어와 우리 마음속에 자리 잡고 있다 할지라도 결코 지상의 변화에 휩쓸리지 않으므로 그것이 지닌 하늘나라의 본성을 보존하고 있기 때문이다."[1]

이런 뜻을 지닌 설교는 '보이는 말씀'으로서 '성례'와 함께 하나님께서 우리에게 은혜를 베푸시는 공적인 방편(media gratiae)이다. 때문에 우리는 온갖 슬픔과 고통으로 점철된 덧없는 세상에 살면서도 설교를 통해 희망을 보며 하늘의 기쁨을 누리면서 살아갈 수 있다. 그래서 설교는 절망에서 희망으로, 슬픔과 고통에서 기쁨으로, 죽음에서 생명으로 역전시키는 근원적인 동력으로서 의미를 갖는다.

그런데 문제는 설교가 목사 안수를 받은 목회자에게만 허용되는 전유물로 여긴다는 데 있다. 하나님의 말씀을 선포하고 전하는 설교를 오직 목회자에게만 주어지는 특권의식으로 작용한다는 사실이다.

로마 가톨릭에서는 '설교' 대신 '강론'(homily)이라는 용어를 사용한다. 강론은 가톨릭 성직자가 미사 등의 전례에서 신앙의 신비와 그리스도인의 생활 규범을 성서 구절로 해설하는 것을 뜻하는

---

1 시 119:92(CO 32, 255). Herman J. Selderhuis, 『중심에 계신 하나님: 칼빈의 시편 신학』, 장호광 역(서울: 대한기독교서회, 2009), 172에서 재인용.

말로서 "설교의 여러 형식 중에서 탁월한 것으로 전례의 한 부분이며 사제나 부제에게 유보된다"(교회법 제767조 1항). 이와 유사하게 개신교 역시 설교(preach, sermon)는 목회자에게만 허용된 특권으로 인식되어 평신도가 공식 예배에서 설교한다는 것은 있을 수 없는 일로 금지되어 있다.

계시된 하나님의 말씀을 선포하는 설교는 신학교육의 정규 과정을 이수하고 안수를 받은 목사에게 주어진 역할로 인식되지만, 그렇다고 오로지 목사만이 행할 수 있는 고유한 권한으로 이해해서는 안 된다. 물론 그렇다고 그리스도인이면 누구나 설교할 수 있다는 뜻은 더군다나 아니다. 앞서 언급한 바 있듯이, 하나님의 말씀이 단순하고 명료하다는 것은 자명한 사실이지만, 그렇다고 어린아이를 포함해 누구에게나 쉽게 이해될 수 있는 성격은 아니다. 물론 누구나 쉽게 이해할 수 있는 말씀도 있지만 바른 이해를 위해서는, 우선 원어에 대한 해석 능력과 특정 구절에 대해 저자가 살던 당시의 역사 및 사상을 배경으로 하는 저자의 의도, 본문 내용의 바른 적용을 위한 기본 교리적 이해가 전제되어야 한다. 이를 위해서는 신학교에서 정규 교육과정을 이수함으로써 말씀을 가르치고 선포할 지적 소양을 갖추어야 할 뿐만 아니라, 나아가 선포된 말씀이 목회자 자신의 삶에 오롯이 녹아들어 평신도들에게 귀감을 보일 정도의 인격 또한 갖추어야 한다. 따라서 이런 구비 요건을 어느 정도 잘 갖춘 목사에게 설교할 권한이 위임된 것이지, 목사만이 설교할 수 있는 독점물로 이해되어서는 안 된다.

물론 구약 시대에는 하나님의 말씀을 직접 전달받아 이스라엘 백성에게 전하고, 가르치고, 해석하는 메신저 역할은 오로지 제사장이나 선지자에게만 주어진 전유물이었다. 하지만 제사장이나 선지자의 직분이 폐지된 신약 시대 이후에는 말씀을 전하고 가르칠 영적 자격이 그리스도인이면 누구에게나 주어졌다. 이에 대한 구체적인 근거는 앞서 "만인제사장론"에서 살펴본 바 있다. 하지만 '만인제사장론'을 받아들이지 않는 가톨릭의 경우에는 구약 시대 제사장 직분을 지속적으로 계승해서 오직 사제직에게만 성찬 집례를 비롯해 미사 중에 강론할 수 있는 권한이 주어져 있다.

이런 현상은 로마 가톨릭 외에 20세기 후반, 미국의 피터 와그너(Charles Peter Wagner, 1930-2016)에 의해 주도된 초대교회 은사주의를 표방하는 '신사도 운동'에서도 찾을 수 있다. 이런 운동을 수용하는 자들은 초대교회 당시의 사도 및 선지자 직분, 심지어 계시의 전승을 주장하여 말씀 선포에 대한 권한을 평신도들에게 허용하지 않고 오직 자신들에게만 주어진 전유물로 여긴다. 그 때문에 사도 및 선지자로서의 권한을 부여받은 지도자의 명령이나 가르침에 절대적 순종을 강요한다.

설교의 기본 방향은 하나님의 말씀을 본문으로 삼아 그 말씀에 대한 주석 작업과 신학적 의미를 성도들 각자의 삶의 터전에서 실존적으로 적용(application)할 수 있는 길로 안내하는 데 있다. 하지만 본문 말씀에 대한 주석 작업과 신학적 의미를 찾아 삶에 적용하는 것은 목회자만 할 수 있는 것이 아니라, 평신도에게도 얼마든지 가능하며, 아니 가능하게 해야 한다. 때문에 평신도에게 단순히 성경 통독만 반복하게 할 것이 아니라, 본문 말씀에 대한 주석 및 해석을 포함해 적용까지도 스스로의 힘으로 가능할 정도의 기본 교육이 이루어져야 할 것이다. 이를 통해 평신도의 주체적 신앙 정립이 가능해질 수 있기 때문이다. 따라서 평신도 스스로의 힘으로 성서를 이해하는 것이 난공불락으로 여겨져서는 안 된다.

이제 목회자의 입만 바라보며 떠먹여 주는 양식만 먹으려는 태도에서 벗어나자. 이런 탈주가 가능하려면 자력으로 성서를 이해할 수 있을 정도의 소양을 기르는 데 힘을 쏟아야 한다. 자투리 시간을 활용해서라도 이런 힘을 기를 수 있게 하자. 이것은 결코 어려운 일이 아니다. 근래에 이르러 평신도를 위한 알기 쉬운 신학 서적들이 상당한 수준으로 출간되었다. 물론 그중에 성서를 스스로 이해할 수 있을 정도의 소양을 기를 수 있는 서적들도 출간되었다. 가령 "성경신학 스터디 바이블"(더글러스 J.무 외/박세혁 역, 복있는사람, 2022), "성서해석학"(박정관, 복있는사람, 2018), "평신도를 위한 쉬운 로마서"(양형주, 브니엘 출판사, 2019), "평신도를 위한 쉬운 창세기", "평신도를 위한 쉬운 마가복음" 등이 있는데, 이것은 목회자에게 의존하지 않고서도 성도 스스로 성서를 어느 정도 이해할 수 있을 정도의 소양을 키울 수 있도록 안내해주는 좋은 서적들이다.

하지만 이런 책들을 읽을 만큼 짬이 나지 않거나 어렵게 여겨진다면, 유튜브(UouTube) 동영상을 활용하는 것도 좋은 방법 중 하나다. 책과는 달리 유튜브는 언제, 어디서든 쉽게 청취할 수 있고, 저명한 강사들이 알기 쉽게 강의한다는 점이 장점이다. "평신도를 위한 성서 이해"나 기본적인 교리 이해를 위한 "평신도를 위한 조직신학" 등을 검색해 보면, 이를 위한 각종 동영상이 소개된다. 과거와는 달리 요즈음 상당한 신학적 전문 지식을 갖춘 신학자뿐만 아니라 목회자들이 직접 강의하는 영상을 무료로 청취할 수 있는 시대를 맞이하고 있다.

성서를 학문적 차원에서 깊이 다루는 것이 아닌 기본적인 이해를 요하는 것이라면, 많은 시간을 들일 필요가 없다. 상술한 바 있듯이, 특정 본문 말씀을 바로 이해하려면 본문의 전후 문맥을 살펴봄으로써 드러나는 저자의 의도, 본문 내용 속에 담겨 있는 의미 및 해석, 이런 본문 말씀이 오늘을 살아가는 우리들에게, 그리고 나에게 '지금', '여기서' 실존적으로 어떤 의의 및 적용이 가능한지를 발견하는 것이 중요하며, 이 작업은 약간의 서적과 동영상의 도움으로도 가능하다.

그런데 성서를 바로 이해하고 해석하려면, 어떤 교리적 입장에서 읽느냐에 따라 상당한 차이점이 발생한다. 여기서 교리는 성서 이해에 대한 방향을 가리키는 '나침반' 역할로 보거나, 신앙적 사고의 방향을 정해주는 관점(viewpoint) 내지 세계관으로 이해하면 된다. 즉 어떤 교리적 관점에 서 있느냐에 따라 동일한 말씀이 다양하게 해석된다는 말이다. 이제 바른 성서 해석을 위한 교리의 의미 및 중요성에 대해 보다 자세히 살펴보도록 하자.

2) 성서에서 교리를 찾고, 교리로 성서를 읽다

오늘날 교리의 무용론 내지 '탈-교리화'(de-doctrinalization)를 주장하는 목소리가 여기저기서 들려온다. 교리는 토대주의

(fundamentalism)를 지향하여 개별성 및 다양성을 중시하는 오늘의 세태를 반영하기에 적절하지 않다는 것이 여러 이유 중 하나다. 따라서 토대주의에서 나타나는 통일성, 보편성, 객관성 및 동일성의 명제적인 특성에서 벗어나 시대적 상황과 변화에 따른 유연성과 비동일성, 비대칭성을 비롯한 비명제성을 추구하는 오늘의 경향성이 교리에서 탈피하려는 주된 이유일 것이다.

하지만 이런 명제적이며 문법적인 성격을 지닌 교리로부터 탈주하려는 오늘의 경향성에도 불구하고 비진리가 진리인 양 행세되는 혼탁한 현 시대에서 무엇을 믿으며, 어떻게 믿어야 하는지, 나아갈 방향을 지시해 주는 교리는 반드시 존재해야 한다. 그러나 주의해야 할 점은 교리를 위한 교리로서의 '교조주의'(dogmatism)적 성격을 지니고서 정통과 이단을 나누는 색깔 논쟁에만 연연하는 극단적 이원론에 빠져서는 안 될 것이다. 현 시대적 경향을 반영하여 교리의 해체가 아니라, 역으로 교리의 고수(固守)를 지향하되, 오늘의 급변하는 시대적 물결에 유연하게 반응하는 태도가 필요할 것이다.

교리는 간단히 말하면, 성서를 근간(根幹)으로 하는 신앙의 개념화, 즉 이 땅에 사는 동안 그리스도인으로서 무엇을, 어떻게 믿어야 하는지를 체계적(systematic)으로 분류하고 정의한 개념으로 이해할 수 있다. 그런 뜻을 지닌 교리는 크게 일곱 분야, 즉 신학서론을 포함해 신론, 인간론, 그리스도론, 구원론, 교회론 및 종말론으로 구분할 수 있다. 물론 이런 분류는 개개 영역이 서로 단절된 독립적인 영역이 아니라, 상호 유기적이며 동심원적인 관련성을 갖는다.

성서에 기록된 하나님은 늘 우리 인간을 향하고 있기 때문에 하나님을 알면 인간을 알 수 있고, 인간을 알면 그리스도가 왜 이 땅에 인간의 몸을 입고 오셨는지를 깨달을 수 있기 때문이다. 이어지는 구원론, 교회론 및 종말론도 결국 인간을 향한 하나님 사랑의 사역으로써 유기적으로 맺어진 상호 관련성에서 이해할 수 있다.

그런데 하나님의 말씀으로서 성서는 교리의 '황금어장' 내지 '밭'이라는 비유로 표현할 수 있다. 하지만 신론, 인간론, 그리스도론, 구원론, 교회론 및 종말론 등의 이름을 가진 색깔로 치장된 교리적 구슬이 정돈되지 않은 채, 여기저기 흩어져 뒤섞여 있다. 그래서 여기저기 뒤섞여 흩어져 있는 다양한 색깔의 교리적 구슬을 색깔별로 나누어 꿰맞추는 작업을 한마디로 '교리화'라 할 수 있다. 실제 교리의 안경을 쓰고 성서를 들여다보면, 한 구절 안에 신론을 드러내는 말씀이 있는가 하면, 심지어 그리스도론, 종말론 등이 뒤섞여 구성되어 있음을 어렵지 않게 발견할 수 있다. 그래서 성서를 교리의 '밭' 내지 '황금어장'으로 비유할 수 있다.

그런데 문제는 모든 그리스도인이 교리에 대해 한목소리를 내지 않고 교단별로 각기 다른 목소리를 발한다는 점에 있다. 물론 대부분의 주요 교리에 대해서는 한목소리를 내지만 사안에 따라 미묘한 차이점을 보인다. 가령 성찬론에 있어 루터 교단은 '공재설'의 목소리를 내지만, 장로교는 '영적 임재설'의 목소리를 발한다.

그중에서도 개혁주의를 표방하는 장로교단과 여타 다른 교단의 교리에 있어 큰 차이점 중 하나는 '예정론'에 입각한 '구원'에 대한 이해이다. 즉 장로교단 대부분은 칼빈의 '이중(절대) 예정론'에 입각해서 성도들이 생전에 '구원의 확신'을 가질 수 있다는 입장이라면, 감리교단과 성결교단을 포함하는 대부분의 다른 교단의 입장은 '예지 예정론'에 기반한 '보편 구원론'이라 구원의 결정 여부는 예수 그리스도의 재림 이후 최후의 심판에서 알 수 있기 때문에, 성도들이 생전에 구원의 확신을 가질 수 없다는 입장이다.

교단에 따른 이런 교리적 차이는 보다 많은 예에서 찾을 수 있다. 가령 "…두렵고 떨림으로 너희 구원을 이루라"(빌 2:12)는 말씀에서 나타나는 교리적 의미에 대해 '이중 예정론'을 고수하는 대부분의 장로교단에서는 창세 전 하나님의 은혜로 선택된 자녀들에게 이미 획득한 구원을 완성해가는 '성화론적' 입장에서 이해하는 반면, 대부분의 다른 교단에서는 아직도 확정되지 않은 구원을 이루어가는 '과정'으로 이해한다. 이렇게 동일한 말씀임에도 불구하고 교단별로 상이하게 취하는 교리에 따라 다양한 해석이 형성된다. 이것은 단순히 해석의 측면뿐만 아니라, 성도들의 실제적인 삶의 적용에 있어서도 차이를 보인다. 이렇게 교리는 성서 본문을 바로 이해하고 적용하는 데 있어 없어서는 안 될 필수 요소라 할 수 있다.

마지막으로 한 가지 더 예를 든다면, 요한일서 2장 2절, "저는 우리 죄를 위한 화목 제물이니 우리만 위할 뿐 아니요 **온 세상**의 죄를 위하심이라."에 대한 교리적 해석이다. 다시 말해, 예수께서 과연 "누구를 위하여 십자가에 달려 돌아가셨느냐"는, 소위 '속죄의 범위'에 대한 교리적 입장이다. 이 질문에 대한 대답에서 교단별로 취하는 교리적 차이가 극명하게 드러난다. 즉 이 말씀을 '제한 속죄'의 교리적 관점에 따라 이해하느냐, 아니면 '보편 속죄' 교

리의 관점에서 이해하느냐에 따라 해석이 판이하게 달라진다. 이
것은 결국 "온 세상 사람들"을 어떻게 이해하느냐에 달려 있다. 즉
"온 세상 사람들"을 한 사람도 예외 없이 세상의 "모든 사람들"로
이해한다면, 그것은 '보편 속죄론'의 교리적 입장을 취하는 것으로
간주된다. 반면 오직 택함받은 자에게만 적용되는 것으로 이해한
다면, 그것은 말 그대로 '제한' 속죄교리가 타당할 것이다. 결국 이
런 속죄에 대한 교리적 차이는 구원에 대한 교리적 차이로까지 확
대된다. 그러나 저자가 여기서 교리와 관련하여 밝히고자 하는 것
은 각 교단에 따른 교리적 차이가 아니라, 성서를 바로 이해하고
해석하기 위해서는 교리를 전제해야 한다는 교리의 당위성에 관한
것이다.

따라서 성서 본문 내용에 대한 바른 이해를 위해서는 본문 전·
후 문맥의 배경에 따른 저자의 의도를 먼저 파악하고, 다음 저자가
독자들에게 본문을 통해 무엇을 전달하려는 것인지 그 주된 요점
을 파악하는 작업이 뒤따라야 할 것이다. 물론 이 작업을 위해서는
기본적인 교리에 대한 이해가 요청된다. 마지막으로 이 본문 말씀
이 오늘을 살아가는 우리들에게, 그리고 나에게 무슨 의의 및 중요
성이 있는지, 그 실존적 적용성을 찾는 데까지 나아가야 한다.

지금까지 성서 본문을 바로 이해하려면 기본적인 차원에서나마
교리를 어느 정도 이해해야 하는 당위성에 대해 살펴보았다. 그러
나 여기서 멈추지 않고 이제 성서에 바탕을 둔 교리는 결국 그리스
도인의 (윤리적)삶으로 이어져야 한다는 당위성에까지 접근해보도
록 하자.

3) 교리를 알면 삶이 보인다

대부분의 그리스도인은 교리를 삶과 상관이 없는 것으로 이해한다. 대개 그리스도인이 이 땅에서 무엇을, 어떻게 믿어야 하는지를 다루는 것이 교리라면, 이 땅에서 어떻게 살아야 하는지를 다루는 것이 '윤리'라고 이해한다. 이런 교리와 윤리의 상관관계는 일반 학문의 주요 기반인 '이론'과 '실천'의 관계와 흡사한 것으로 이해할 수 있다. 이론이 실천을 위한 것이라면, 실천은 이론에 기반해 있는 관계로 정의할 수 있다.

그런데 이론이 먼저인가, 아니면 실천이 먼저인가? 라는 질문이 제기된다면, 선뜻 답을 찾기가 쉬운 일은 아닐 것이다. 이것은 이론에 따른 실천인가, 실천에 따른 이론인가 하는 이론과 실천의 전후 관계의 문제이다. 하지만 전통 철학의 관점에서 답을 찾는다면, 당연히 이론이 우선이고 실천이 그 뒤를 따르는 형태를 취하게 될 것이다. 인간의 이념 속에 신적 진리를 함유하는 '본유관념'이 선험적으로 내재해 있기 때문에 인간의 행위는 이런 관념에 따라 후차적으로 발생하는 것으로 이해된다. 반면 성서적 관점으로 분석해 본다면 역방향, 즉 실천적 행위 후 이론이 발생한 것으로 이해할 수 있다. 하나님은 항상 행함으로 말씀하시기 때문이다.

이처럼 교리와 윤리적 삶의 관계도 마찬가지다. 즉 교리를 먼저 설정한 후에 실천적 삶이 이루어진 것이 아니라, 하나님의 행하심과 그에 따른 인간적 행위에 따른 교리가 형성된 것으로 볼 수 있다는 말이다. 결국 이론과 실천, 교리와 윤리는 습합(褶合)적 관계로 볼 수 있다.

사실 저자가 여기서 의도한 것은 이론과 실천, 교리와 윤리의 전후 관계를 밝히고자 한 것에 있는 것이 아니라, 교리와 윤리적 삶의 필연적 관계를 강조하려는 데 있다. 왜냐하면 오늘날 국내 교회 현실에서 신앙고백서에 터를 두고 있는 교리가 제 힘을 발휘하지 못하고 지하 창고에 저장되어 하얀 먼지로 뒤덮여 있는 안타까운 현실을 보기 때문이다. 이론이 실천적인 경험으로 이어지지 않는다면, 그 이론이 무용지물이 될 수 있듯이, 교리 역시 실천적 행위의 열매로 증거되지 않을 경우, 그 교리는 아무 쓸모가 없어 밖에 버려져 사람들에게 짓밟히게 될 뿐이다.

또 한 가지 지적할 사항은 교리는 주로 존재론적으로 이해되는 반면, 윤리는 행위론적으로 이해되는 경향이 농후하게 나타난다는 점이다. 하지만 성서를 객관적인 눈으로 분석해 보면, 존재는 이성적 사유 작용에 의한 것보다, 윤리적 행위에 입각해 이해하는 것이 그 존재의 본질에 더 가까이 다가갈 수 있다. 이것은 특히 구약성서를 보면, 하나님은 늘 행위로 자신의 존재를 드러내고 계시하신다는 사실에서 알 수 있다. 따라서 하나님 존재의 존재성은 행위를 통해 입증되는 것으로 이해될 수 있다.

이에 따라 존재적 성격을 지닌 교리는 그 존재성을 윤리적 행위를 통해 드러나야 한다. 따라서 교리의 참된 가치와 진정성은 그것의 열매, 즉 윤리적 행위를 통해 입증되며, 윤리적 행위는 교리에 기반을 두고 있다는 논리가 성립될 수 있다. 그래서 교리와 윤리의 관계뿐만 아니라, 믿음과 행위, 율법과 복음, 칭의와 성화의 관계는 의미적으로 구별될 뿐이지 서로 맞닿아 상호작용함으로써 공존성과 공속성을 갖는다. 자신의 주관적 확신으로서 믿음은 객관적인 열매, 즉 행위를 통해 알 수 있기 때문이며, 믿음으로 말미암아 의인이 되었다는 칭의의 주관적 확신 역시 율법과 계명에 따른 거룩한 삶을 통해 증명되어져야 하기 때문이다.

이에 따라 "교리를 알면 그리스도인의 삶이 보인다."는 논리가 성립된다. 그런데 안타까운 것은 국내 교회 현실을 냉철한 눈으로 들여다보면 교리를 도외시한 채, 듣기 편하고, 재미있고, 마음에 위로를 주는, 소위 '성도 만족도'를 높이고, 심지어 웰빙적 복을 구하는 말씀으로 변질되어 있음을 목도하게 된다. '고객 만족도'를 높이는 기업 논리가 영적 영역인 교회에도 고스란히 들어와 하나님을 기쁘시게 하는, 소위 '하나님 만족도'를 높이는 것이 아니라, 성도 만족도를 높이는 데 전력을 다하는 안타까운 현실과 마주하고 있다. 물론 모든 교회가 그렇다는 것이 아니라, 적지 않은 교회, 그중에서도 규모가 어느 정도 갖추어진 교회일수록 이런 변질된 복음으로 물들어져 있다. 이런 문제에서 벗어나기 위해서 교리의 안경을 쓰고 말씀을 들여다볼 수 있는 폭넓은 안목을 모든 그리스도인에게 열어 주어야 한다. 나아가 말씀을 바탕으로 구성된 교리가 그리스도인의 일상적 삶으로 이어지게 해야 한다. 이제 교리와 윤리적 삶의 관계성과 그 적용성을 몇 가지 예를 통해 보다 명확히 하도록 하자.

(1) 구원은 오직 믿음으로만?

이제 교리가 왜 그리스도인의 삶과 관련되는지, 그 답을 먼저 '믿음'에 관한 교리로부터 출발해보자. 보통 믿음 하면 '구원론'과 관련짓는데, 행위의 문제와 결부되어 있다. 즉 그리스도인의 구원은 행위가 아니라 '오직 믿음으로'(sola fide) 말미암은 것으로 이해한다. 과연 그럴까? 정말 행위와 관계없이 오직 믿음으로만 구원이 가능한가? 먼저 정답만을 제시하면 "아니다"이다.

오늘날 평신도뿐만 아니라 목회자 역시 구원과 관련한 믿음을 행위와 관련 없는 것으로 단순하게 이해하는 데 그치고 있다. 행위와 연관시키면 알레르기 반응을 일으킨다. 중세 로마 가톨릭 시대로 되돌아가려는 것인가라고 항변하거나 자유주의 신학으로 물든 것으로 이단시하는 반응을 나타내기까지 한다. 그러나

> "행위 없이 믿음 자체로 그리스도인을 의롭게 만든다고 주장한다면 그것은 잘못된 주장이다. 행위 없는 믿음은 참된 믿음이라 할 수 없으며 단순한 모방에 지나지 않기 때문이다.(약 2:14-26) 이렇듯 믿음과 행위는 불가분리의 관계를 갖는다. 물론 행위로 구원받는 것이 아니라, 오직 믿음으로 구원받는 것은 자명한 성경의 진실이다. 이에 대한 성경의 증거는 로마서 1:17절을 중심으로 다른 곳에서도 얼마든지 찾아볼 수 있다. 그러나 구원에 이르게 하는 참된 믿음은 반드시 선한 열매를 맺게 한다. 믿음과 행위는 의미적으로 구별될 뿐이지 결코 분리될 수 없다."[2]

---

2   장호광, 『일상속에서 만나는 칼빈 신학』(용인: 킹덤북스, 2017), 31.

이것은 하나님께서 인간을 지으신 목적만 보더라도 명확해진다. "우리는 그가 만드신 바라 그리스도 예수 안에서 선한 일을 위하여 지으심을 받은 자니 이 일은 하나님이 전에 예비하사 우리로 그 가운데서 행하게 하려 하심이니라"(엡 2:10). 이처럼 참된 믿음은 반드시 선한 행위로 증거되어져야 한다.

종교개혁자인 칼뱅 역시 믿음과 행위의 관계에 대해 적절하게 주장한다. "우리는 의롭게 하는 믿음만을 가르친 것이 아니라, 그 믿음을 선한 행위와 관련시켜 가르친다. 죄인을 의롭게 만드는 믿음은 우리의 눈으로 관찰되어야 한다."[3] 우리가 진정으로 하나님의 자녀임을 믿는다면, 자녀에 걸맞는 삶을 살아야 한다. 믿음의 진정성은 단순히 예배에 정규적으로 참석하며, 기도와 헌금 생활을 철저히 지키는 것으로 충분한 것이 아니라, 각자에게 주어진 삶의 터에서 하나님 사랑을 이웃 사랑으로 증명하는 실천적 행위에 있다. 이처럼 우리 존재의 존재성은 반드시 행위를 통해 증거되어져야 한다.

또 한 가지 유념해야 할 것은 국내 적지 않은 목회자들이 믿음과 이성이 대립되거나 충돌되는 관계로 규정해, 마치 믿음이 이성과 구분되는 독립된 실체로서 존재하는 것으로 오인하게 하고, 또 성도들에게 그렇게 가르친다는 점에 있다. 하지만 빛이 실체인 반면, 어둠은 빛의 결여로서 독립된 실체로 존재하지 않듯이, 믿음 역시 마찬가지다. 즉 이성이 실체로서 존재하는 반면, 믿음은 '확신'

---

3 C.O.5.713. 위의 책 32에서 재인용.

내지 '신뢰'의 뜻을 갖고서, 인간이 타락하기 이전 온전한 이성으로 회복시키는 '도구' 내지 '방편'(media)일 뿐이다. 따라서 이성은 소멸될 수 없는 실체라면, 믿음은 사라졌다가도 다시 생성될 수도 있는 비실체적인 것에 불과하다.

보통 이성의 속성으로 '합리성', '논리성', '객관성', '보편타당성', '역사성', '증명성' 등을 든다면, 믿음의 속성으로는 '초월성', '주관성', '비합리성', '비논리성', '개별성', '초역사성' 등을 제시한다. 그래서 믿음과 이성은 물과 기름처럼 서로 융합될 수 없는 이항대립적 관계로 이해한다. 하지만 이런 관계는 인간이 타락하기 이전에는 찾아볼 수 없는 생소한 속성에 불과할 뿐이다. 인류의 조상 아담이 타락하기 이전의 모습을 보면 하나님과 직접 대화를 나누기도 하고, 심지어 동물과도 대화가 가능했다. 하지만 이런 현상을 오늘의 이성적 관점에서 본다면 도저히 있을 수 없는 불가능한 현실로 받아들일 것이다.

인간이 타락하기 이전에는 합리성과 비합리성, 초월성과 역사성, 주관성과 객관성 등의 속성들은 믿음과 이성의 개념으로 따로 떼어져 구분되는 것이 아니라, 서로 융합된 채 하나로 일치해 있었다. 그렇기 때문에 "믿는 것과 아는 일에 하나가 되어 온전한 사람을 이루어"(엡 4:13)라는 말씀은 인간이 타락하기 이전, 온전한 하나님의 형상으로 회복시켜 달라는 뜻으로도 이해할 수 있다. 믿는 것과 이성적 사유작용에 의한 '앎'이 일치하게 해달라는 것이다. 이처럼 믿음은 인간이 타락했기 때문에 형성된 비본질적 요소로 이해할 수 있다. 따라서 믿음은 우리의 구원에 있어서 '도구적 원인'(instrumentalis causa)에 지나지 않을 뿐이다.

이렇게 믿음과 이성의 관계에 대해 목회자 자신이 바로 이해하지 않는다면, 이성의 의미와 역할을 축소시켜, 다만 "믿고 구하기만 하면" 하나님은 모든 것을 다 들어주신다고 성도들에게 잘못 가르칠 수 있다. 믿음 하면 이성과 대립되는 관계로써 초월성과 비합리성, 기적적인 현상 등으로만 이해하게 하여 성도들에게 합리적이며 논리적인 판단을 흐리게 하는 우를 범하게 할 수 있다는 말이다.

(2) '하나님의 뜻'대로 살기

교리와 그리스도의 삶의 상관관계를 밝혀줄 두 번째 경우는 '하나님의 뜻'에 관한 교리다. 성도들이 기본 교리에 대한 명확한 이해 부족에서 왜곡된 신앙생활을 나타내는 대표적인 경우 중 하나는 '하나님의 뜻'에 관한 것이다. 이런 경우는 평신도뿐만 아니라, 심지어 목회자에게도 나타나는 공통된 현상이기도 하다.

오랫동안 세속적 직업에 종사하다가 늦은 나이에 신학을 공부하여 목사 안수를 받은 분들 중에 다음과 같이 고백하는 분을 종종 만나게 된다. "나를 향한 하나님의 뜻은 본래 목회자의 길을 걷게 하는 데 있었는데, 내가 그 뜻을 따르지 않고 거역하다가, 결국 징계를 당하여 온갖 고생을 한 끝에야 비로소 깨달아 이렇게 목사가 되었습니다." 심지어 "그런 하나님의 뜻을 따르지 않았기 때문에 이런 일 저런 일을 해 보았지만, 하는 일마다 실패하고 말았다."고 고백한다. 늦은 나이에 목사가 되기 위해 신학대학원에 입학한 분들 중에서도 이와 유사한 고백을 하는 자들을 종종 만나기도 한다. 이렇듯 신학생이나 목회자조차 하나님의 뜻을 곡해하여 자신이 선택한 개인적인 직업에 적용하기까지 한다.

이뿐 아니다. 성도들이 결혼할 상대를 고를 때도 하나님의 뜻을 적용시킨다. 저 남자를 나의 남편으로 삼아야 할지, 저 여자를 나의 아내로 맞이해야 할지 기도하는 가운데 최종 결정이 이루어질 때, 그 결정을 하나님의 뜻으로 간주하기까지 한다. 그러나 그렇게 하나님의 뜻으로 맺어진 부부관계가 오래가지 못하여 헤어지게 된다면, 그 경우를 어떻게 이해해야 할까? 불완전한 하나님의 뜻으로 받아들여야 할까? 실제로 이런 경우를 직접 경험한 적이 있기에 이런 예를 들었다. 우리는 하나님의 뜻을 너무 가볍게 우리의 입에 오르내린다. 하나님의 뜻인지, 아니면 자기 뜻인지 냉철하게 돌아보아야 함에도 불구하고.

목회자들이 교회를 개척할 경우에도 이 지역이 좋을지, 아니면 저 지역이 좋을지 그 결정을 하나님의 뜻으로 여기기까지 한다. 이렇게 하나님의 뜻을 자신의 개인적인 일과 관련시켜 이해하는 경향이 강하게 나타난다. 물론 그런 개인적인 일을 하나님의 뜻이 아니라고 단정하기는 어렵지만, 그러나 그런 개인적인 일들이 과연 하나님의 영광을 드러내기 위한 것인지, 아니면 하나님의 뜻이라는 명분으로 자신의 소원과 욕망을 채우려는 자신의 뜻은 아닌지 냉철하게 자신에게 질문해 보아야 할 것이다.

그렇다면 과연 '하나님의 뜻'이 무엇일까? 한마디로, 하나님의 뜻의 본질은 하나님의 말씀대로 사는 것, 그중에서도 '율법'과 '계명'에 따라 '사는 것'에 있다. 그래서 율법은 우리 그리스도인에게 보여준 하나님의 은혜이자 이 땅에서 하나님의 자녀로서 바른 삶을 살아가게 하는 하나님의 뜻의 표출이다. 칼빈은 그런 하나님의 뜻을 이렇게 정의한다. "율법은 규약에 따른 결의(決意)의 모음집이 아니라, 인격적인 하나님의 말씀이며 당신의 주권적인 뜻의 모음집이다."[4]

그런데 국내 교회 현실을 들여다보면, 율법을 복음과 비교하면서 그 중요성에 있어 차이를 두거나, 심지어 율법 폐기론과 흡사한 입장을 취하는 목회자들과 성도들을 보게 된다. 율법과 복음 모두 하나님의 말씀으로써 동일한 가치와 중요성을 지니고 있음에도 불구하고, 율법에 비해 복음의 우선성을 주장한다. 이에 따라 복음은 말 그대로 '기쁜 소식'이라면, 그에 비해 율법은 죄를 드러내는 '슬픈 소식'에 지나지 않는 것처럼 여긴다. 그래서 복음이 살리는 말씀이라면, 율법은 죽이는 말씀으로 각인되어 있다.

이런 율법과 복음에 대한 이원론적 사고는 어디에서 온 것일까? 16세기 종교개혁자인 마르틴 루터와 존 칼뱅을 포함해 대부분의 정통주의 신학자들은 율법과 복음이 대립되는 관계가 아닌 상호보완적인 관계로써 양자 모두 하나님의 동일한 가치를 지닌 말씀으로 간주했다. 특히 칼뱅은 복음과 율법의 관계성에 대해 다음과 같이 주장한다. "복음은 율법과 다투는 것이 아니라 율법에 대한 최고의 확증이다. 율법을 복음으로부터 분리시켜 도외시한다면, 우

4 　장호광, 『일상 속에서 만나는 칼빈 신학』, 71.

리는 율법의 영혼을 이해하지 못하며 단지 그늘을 좇는 삶이 될 것이다."[5] 따라서 율법과 복음은 이항 대립적인 것이 아니라, 상호 교섭적인 관계로 이해해야 한다.

이렇게 복음과 율법은 동일한 하나님의 말씀이다. 그리스도인으로서 우리는 명령형의 문법적 형태로 구성된 율법과 계명에 귀 기울여야 하며, 심지어 그것을 복음으로 간주한다. 신약 성서의 가치와 의미는 옛 언약인 구약성서에 그 기반을 두고 있기 때문이다.

하지만 칼뱅에 따르면, 복음과 율법이 동일한 하나님의 말씀임에도 불구하고 유일한 차이점 중 하나는 율법이 일시적으로 존재하는 한계성을 지닌 반면, 복음은 영원히 지속된다는 사실이다. "율법은 글자로만 기록되어 있기 때문에 시간적으로 한계 지어진 언약(temporale foedus)이라면, 복음은 마음속에 기록되어져 있기 때문에 영원한 언약이다."[6] 이에 따라 율법은 그리스도 안에서 이루어지게 될 구원의 소망, 즉 종말이 올 때까지만 유효하다. 하지만 종말 후 펼쳐지게 될 하나님 나라에서는 율법이 필요 없게 된다. 하늘나라에서는 율법을 통해 밝혀질 죄가 더 이상 존재하지 않기 때문이다.

이외 율법은 하나님의 형상을 회복하게 해주는 지침서 역할을 한다. 우리가 기도할 때 종종 "하나님의 형상을 회복해 달라"고 간구한다. 그렇다면 어떻게 해야 하나님의 형상으로 회복될 수 있는

---

5 Comm., 1 Tim., 1,10. 장호광, 『일상속에서 만나는 칼빈 신학』, 73-74에서 재인용.
6 C.O. 39,42. 장호광, 『일상속에서 만나는 칼빈 신학』, 76에서 재인용.

가? 그 정확한 답은 바로 율법과 계명에서 찾을 수 있다. 따라서 우리는 율법을 통해 타락하기 이전의 본래 모습을 유추해 볼 수 있다. 즉 타락하지 않았더라면, 내 이웃을 내 몸과 같이 사랑할 수 있었고, 내 형제를 시기하거나 미워하지 않았을 것이다. 우리의 마음이 교만하거나 탐심으로 가득 차지도 않았을 것이다. 그래서 율법은 우리의 영혼을 비추는 '마음의 거울'로 표현될 수 있다. 외적 거울인 물리적 거울뿐만 아니라, 마음의 거울인 율법과 계명을 가까이 두고 매일 들여다보고 우리의 영적 상태를 점검해 보아야 할 것이다.

이외에도 율법과 더불어 우리의 회개가 가능해진다. 회개를 신약성서의 원어인 그리스어에서는 우리의 내적 변화를 뜻하는 '메타노이아'(μετάνοια)와 외적 변화를 가리키는 '에포스트레포'(εποστρεφω), 이 두 단어로 구성되어 있다. 이런 원어에 내포된 내·외적 변화의 뜻을, 우리 자신의 더럽혀진 영적인 상태를 돌아보고 뉘우치는 '회'(悔)와 행동의 변화를 뜻하는 '개'(改)로 구성된 우리말에서 잘 표현하고 있다. 이런 뜻을 지닌 회개가 우리의 일상에서 가능하게 하는 근원은 바로 율법과 계명이다. 이렇게 율법을 알면 바른 회개가 가능하다.

그렇기 때문에 율법과 계명은 우리에게 무거운 짐이 아니라, 하나님을 기쁘시게 하는 원천으로서 의미를 갖는다. 시편 기자는 19편 7절과 10절에서 "여호와의 율법은 완전하여 영혼을 소성시키며 여호와의 증거는 확실하여 우둔한 자를 지혜롭게 하며 … 꿀과 송이꿀보다 더 달도다."라고 율법을 기리며 찬양한다. 따라서 "율법과 계명을 알면 하나님의 뜻이 보인다."라고 말할 수 있을 것이다.

(3) 종말에서 현재를 읽다

그리스도인과 비그리스도인 사이에 나타나는 큰 차이 중 하나는 미래에 대한 관점이다. 그리스도인에게 궁극적인 미래, 즉 예수 그리스도의 재림과 더불어 최후의 심판 및 부활로 구성된 종말 사건은 투명하고 확정적 성격을 갖지만, 그러나 비그리스도인에게 미래란 한 치 앞도 내다볼 수 없는 불확실성과 더불어 언제, 어떻게 찾아올지 아무도 모르는 미지의 세계로 남겨져 있기 때문이다. 이런 관점의 차이는 단순한 차이에 그치는 것이 아니라, 우리들에게 현재를 결정하는 기제이자 근원적인 힘으로 작용한다. 물론 종말이 언제 찾아올지는 아무도 모르지만, 시간성이 종말을 고하고 영원성이 찾아온다는 사실만큼은 자명하다. "이 묵시는 정한 때가 있나니 그 종말이 속히 이르겠고 결코 거짓되지 아니하리라 비록 더딜지라도 기다리라 지체되지 않고 반드시 응하리라"(합 2:3).

종말은 종교적 용어로 사용될 뿐만 아니라, 일반적으로도 사용되는 세속적 용어이기도 하다. 그런데 종말은 일반 세상 사람들에게 상당히 부정적 이미지로 덧입혀져 있다. 그들에게 종말은 더 이상 희망과 소망이 찾아오지 않고 사라질 시간의 끝, 삶이 사라지는 영원한 죽음의 문턱으로 각인되어 있다. 그래서 비그리스도인에게 종말은 무섭고 두려운 공포의 개념으로 자리하고 있다.

반면 그리스도인에게 종말은 시간의 끝이 아니라 새로운 시작의 출발점, 즉 영원성의 도래로 각인된다. 슬픔, 고통, 절망, 낙심, 불안, 시기, 질투, 미움, 전쟁, 혐오, 갑질, 가난, 질병, 한숨, 분노, 무시 등을 포함해 인간의 삶을 불행하게 하는 온갖 요소들이 사라지고, 사랑, 기쁨, 희망, 확신, 친절, 배려, 이해, 화해, 연합, 일치, 건강 등으로 점철된 행복한 삶이 찾아오는 전환점이다.

이런 축제의 장으로서 종말은 미래적 사건이자 현재적 변화를 이끄는 근원적인 능력으로서 의미를 갖는다. 즉 미래에 일어나게 될 부활의 소망이 있기 때문에 현재의 고난과 어려움을 극복할 수 있다. 하나님의 자녀로서 세상과 타협하지 않고 정직한 삶을 살아감으로 입는 손실과 피해에도 불구하고 낙심하지 않고 꿋꿋이 살아갈 수 있는 것도 미래에 찾아올 부활을 믿기 때문이다. 편안하고 넓은 길이 있음에도 좁고 협소한 '십자가'의 길을 기꺼이 자처하는 것도 미래의 소망 때문이다. 슬픔에도 기쁨으로, 울어야 할 처지에도 웃는 여유의 얼굴로, 절망에도 희망으로, 약함에도 강함으로, 자기중심에서 타자 중심으로의 변화된 삶을 살아갈 수 있는 것도 종말에 대한 소망이 있기 때문이다. 이처럼 부활의 소망은 십자가를 지고 감에 따른 고통과 쓰라림을 가볍게 해준다. 그 때문에 찬송가 458장 후렴 첫 가사처럼 "참 기쁨 마음으로 십자가 지고 갈 수 있다"는 차원 높은 고백이 나올 수 있다. 그래서 바울 사도는 부활이 없었다면 현재 우리의 믿음도 헛된 것이라 말한다. "그리스도께서 만일 다시 살아나지 못하셨으면 우리가 전파하는 것도 헛것이요 또 너희 믿음도 헛것이며"(고전 15:14).

따라서 우리에게 펼쳐질 미래는 자신이 그린 상상의 미래가 아니라, 우리 삶의 주인 되신 예수 그리스도의 미래이다. 때문에 우리가 이 땅에서 싸우는 싸움은 미래를 향한 싸움이며, 그리스도께서 '지금' '여기서' 우리와 함께하는 싸움이다. 뿐만 아니라 우리에게 닥칠 종말은 단순히 미래에 임할 그리스도인의 영원한 부활에만 방점을 찍은 것이 아니라, 이 땅에 살아가는 그리스도인에게 정체성을 확립시켜 주며, 현재 당하는 고난과 어려움을 견디게 하는 힘이며, 그리스도의 제자로서 십자가를 지고 가는 삶을 가능하게 해주는 근원적 능력이다. 따라서 장차 오실 주님에 대한 기다림은 단순한 기다림이 아니라, 사랑과 섬김을 통한 사역으로 우리를 인도하는 역동성을 불러일으키게 하며 선한 싸움을 위해 강하게 무장시키는 능력을 낳게 한다.

이렇게 부활의 소망은 미래적 사건이자 동시에 현재의 삶을 결정하는 능력이다. 그래서 미래를 알지 못하는 세상 사람들에게는 과거가 현재를, 현재가 미래를 결정짓는 동인으로서 의미를 갖지만, 우리 그리스도인에게는 미래가 현재를 결정짓는다. 따라서 우리 그리스도인에게 현재는 미래에 의해 둘러싸여져 있고, 미래에서 현재로 다가오는 시간에 대한 이해를 갖고 있다.

이런 연유로 그리스도인에게 이 땅의 삶보다 죽음이 더 고귀한 것으로 여겨질 수 있다. 죽음이 끝이 아니라 새로운 삶, 즉 영원히 썩지 않고 하나님과 더불어 살아갈 하나님 나라에 들어가는 관문이기 때문이다. 예수 그리스도의 이 땅에서의 삶 역시 이미 확정된 죽음을 준비하는 여정으로 이해할 수 있다. 그래서 그분의 죽음은 택한 자녀들의 삶(Zoe)을 위한 희생이었다.

하지만 국내 교계 현실을 들여다보면, 기쁨과 축제의 장으로서 의미를 갖는 종말이 너무 교리적으로 이해되어 그 본질을 놓치는 경향이 나타난다. 즉 종말 하면 천년왕국, 중간기, 재림의 징조, 최후의 심판 등으로 구성된 교리에만 치우쳐 이해하려는 경향이 농후하다. 한마디로 종말론 교리에 함의된 현재의 실천적 '삶'을 놓치고 있다는 말이다.

뿐만 아니라 종말론 교리가 현재적 삶과 동떨어진 미래에만 방점을 찍고 교리 지향적으로 이해하다 보니, 현실적 상황, 특히 경제적 상황에 따라 '뜨거운 감자'가 되기도 하고, '식은 감자'로 둔갑되기도 한다. 다시 말해 우리나라가 경제적인 후진국으로써 가난의 시절을 겪은 80년대 초까지만 하더라도 종말론이 뜨거운 감자로 부각되어, 그 당시 설교 및 기도의 주 내용이 예수 그리스도의 재림이었다. 현재가 힘들고 어렵다 보니 예수의 재림이 속히 이루어져 내세에서 편안한 삶을 희구하는 데서 오는 현상이다. 반면 세계가 주목할 정도로 80·90년도 이후 드라마틱하게 성장한 한국의 경제 상황을 맞이하자, 종말에 대한 설교나 기도가 슬그머니 사라지더니, 내심 예수의 재림이 천천히 이루어졌음 하는 바람을 내비친다. 현재가 살기 좋고 부를 누림에 따라 생겨난 또 다른 현상이다. 환언 하면, 종말은 시대적 상황과, 특히 경제적 형편에 따라 뜨거운 감자가 되거나 식은 감자가 되는 것이 아니라, 항상 뜨거운 감자로써 다이내믹한 역동성을 발휘하는 동력의 의미를 갖게 해야 한다.

이것은 종말론을 현재가 아니라 미래에만 치우쳐, 더구나 교리

지향적으로 이해하다 보니 생긴 몰이해의 전형이다. 이처럼 교리를 배제한 성서 읽기나 곡해된 교리의 이해는 성도들의 일상을 해치는 결과를 초래할 수 있다. 따라서 성서에서 교리를 찾고, 교리로 성서를 읽는 소양을 키우도록 해야 한다. 이것이 가능해지려면 교리에 대한 명확한 이해가 선행되어야 한다. 따라서 현재 지하 창고에서 먼지가 하얗게 쌓인 신앙고백서나 여기에 바탕을 둔 교리서를 끄집어내어 평신도들에게 배움의 기회를 갖도록 하자. 이 길이 현재 땅에 떨어진 교회의 위상을 바로 세우고 성도들에게 주체적 신앙을 확립시킬 수 있는 첩경일 것이다.

4) 불공평하신 하나님

그리스도인이면 누구나 송명희 시인의 "공평하신 하나님"의 시를 알고 있을 것이다. 그녀는 혼자 힘으로 앉거나 일어설 수도 없고, 온몸으로 쥐어짜야만 겨우 한 마디 말할 정도의 병약한 체질의 몸을 갖고 있다. 그럼에도 그녀의 입술로 하나님의 공평하심을 이렇게 노래한다.

> "나 가진 재물 없으나, 나 남이 가진 지식 없으나, 나 남에게 있는 건강 있지 않으나, 나 남에게 없는 것 있으니, 나 남이 못 본 것을 보았고, 나 남이 듣지 못한 음성 들었고, 나 남이 받지 못한 사랑 받았고, 나 남이 모르는 것 깨달았네, 공평하신 하나님이, 나 남이 가진 것 나 없지만, 공평하신 하나님이, 나 남이 없는 것 갖게 하셨네."

이것은 송명희 시인만이 할 수 있는 신앙 고백적 표현일 것이다. 보통 사람들은 그녀처럼 중증 장애를 갖고 있다면, 신을 원망하며 결코 이 땅에서 행복한 삶을 누리지 못하고 절망과 좌절 속에서 살아갈 것으로 생각할 것이다.

일반적으로 '공평하게 나눈다.' 하면 어느 한쪽에 치우침이 없이 모두에게 골고루 돌아가게 하는 것을 뜻한다. 동일한 기회와 조건이 주어져야 공평하다고 말할 수 있다. 그런데 그런 뜻을 지닌 공평의 의미를 이성의 잣대로 생각해보면, 하나님은 모두에게 공평하게 역사하지 않는 것으로 생각할 여지가 많은 것 같다. 오히려 하나님은 불공평하게 역사하시는 것처럼 보인다. 이런 역사는 성서를 분석해 보면 보다 명확해진다. 가령 하나님은 어떤 자는 날 때부터 건강하게 태어나게 하시지만, 또 어떤 자는 앞을 못 보는 소경으로 태어나게도 하신다(요 9:1-3 참고). 하나님은 죽이기도 하시고 살리기도 하시며, 가난하게도 하시고 부하게도 하시고, 높이기도 하시고 낮추기도 하신다(삼상 2:6-7 참고). 또한 '토기장이 비유'에서 알 수 있듯, 하나님은 자신의 뜻대로 귀하게 쓸 그릇과 천하게 쓸 그릇을 만드신다(롬 9:21 참고). 모두를 동일하게 귀하게 쓸 그릇으로 만들지 않으셨다.

이뿐 아니라 포도원 품꾼의 비유(마 20:1-16)에서 알 수 있듯, 하나님은 노동에 대한 임금 배분에 있어서도 불공평하게 분배하신다. 많은 시간 일한 노동자와 적은 시간 일한 노동자에게 각기 일한 만큼 공정하게 삯을 줘야 하지만, 포도원 주인으로 묘사된 하나님은 많은 시간 일한 자나 적은 시간 일한 자나 동일한 삯을 배분해 주신다. 그러나 이런 분배는 논리성과 합리성의 속성을 지닌 이성의 눈으로 보면, 결코 공평한 분배로 여길 수 없다. 만약 오늘날 이런 사태가 벌어진다면, 노동자들이 고용주의 불공평함에 반기를 들고 큰 소요를 일으킬 것이 분명하다.

이렇게 하나님은 모두에게 공평하게 역사하시거나 분배하지 않으시고 당신의 숨겨진 뜻에 따라 행하신다. 이것을 이성의 눈으로 보면, 하나님은 결코 공평하신 분이 아닐 것이다. 하지만 하나님 나라의 논법 내지 천국의 셈법으로 보면, "하나님의 불공평하심의 공평하심"이라는 역설(paradox)에 담긴 진리를 깨달을 수 있다. 이 세상 만물을 만드시고 보존하시는 주권자로서 하나님이 당신의 뜻대로 행하시는 사역에 대해 피조물인 우리 인간이 어떻게 '공평' 내지 '공정'의 이름으로 힐문할 수 있겠는가? 우리 인간의 생사화복(生死禍福)과 흥망성쇠(興亡盛衰)를 주관하시는 당신의 뜻 앞에 다만 고개 숙여 겸손히 인정하고 받아들일 뿐이다. 우리를 가난하게 하신다면 가난하게 한 이유가 있을 것이며, 장애인으로 태어나게 하신다면 그럴만한 이유가 있을 것이다. 우리가 이 땅에서 천히 쓸 그릇으로 만들어졌다면, 이 또한 그럴만한 이유가 있을 것이다. 그 이유를 죄로 물든 우리의 얄팍한 이성으로는 도저히 깨달을 수 없지만 하늘나라에 가게 되면, 얼굴과 얼굴을 대하듯이 명확하게 인식할 수 있을 것이다.

그런데 문제는 적지 않은 목회자들이 설교를 통해 인간 이성의 영역을 초월하는 이런 역설의 진리를 전제하지 않고, 하나님은 모두에게 동일한 정도로 은혜를 베푸시고 역사를 펼치는 것으로 전한다. 그래서 각종 시험을 잘 극복한 이후 욥에게 찾아온 풍성한 물질적 축복이 우리 모두에게도 동일하게 적용되는 것으로 전한다. 하나님은 개인마다 차이를 보이면서 개별적이고 다양하게 역사를 펼쳐나가는데도 불구하고, 모두에게 보편성을 띠고서 동일한 정도로 복을 내리시는 분으로 소개한다.

이런 하나님의 차별화 된 다양한 역사를 동일적인 역사로 둔갑시키는 위험한 예로 '신앙 간증집회'를 들 수 있다. 신앙 간증집회에 초대받은 강연자를 분석해 보면, 대개 사회적으로나 경제적으로 성공한, 소위 '잘 나가는' 인물들이 등장한다. 그들의 신앙 간증 내용을 분석해 보면 패턴이 비슷하다. 즉 하나님을 잘 믿다가 어느 순간 시험을 만났지만 극복하지 못하고, 결국 타락의 길로 접어들게 되었고, 이를 통해 온갖 고통과 어려움을 겪었다는 내용이다. 하지만 다시 정신 차리고 회개하고 돌아왔을 때, 하나님은 감당하지 못할 정도의 풍성한 복을 내려주셨다는 것이 그들의 공통된 간증 내용이다. 그런데 여기서 문제는 그들이 말하는 복이 주로 영적인 측면보다 물질적이거나 외적으로 화려한 삶을 구사하는 복을 말한다는 점에 있다.

여기서 나아가 더 큰 문제는 그런 하나님의 축복이 모두에게 동일한 정도로 임한다고 소개하는 점에 있다. 즉 각 개인에게 각기 다르게 주어지는 다양성과 개별성, 그리고 특수성을 지닌 복이 아니라, 모두에게 동일한 정도의, 그것도 주로 물질적이고 외적인 복이 주어진다고 주장한다. 하나님의 축복은 결코 그렇게 동일한 정도로 모두에게 똑같이 주어지는 것이 아니다. 따라서 예수 잘 믿는 모든 성도에게 똑같이 적용되어 가난이 물러가고, 질병이 사라지고,

구하는 것마다 다 들어주신다는 설교는 복음에서 벗어난 왜곡된 말씀에 지나지 않는다. 이에 대해 화란의 교회사가인 헤르만 셀더르하위스(Herman J. Selderhuis) 박사가 칼뱅의 시편 주석의 해석을 통해 잘 설명해 준다.

> "누가 봐도 하나님은 신자들과의 사귐에서도 차이를 두신다는 것을 알 수 있다. 그분은 당신의 총애를 모두에게 같은 방식과 같은 정도로 보여주시지 않는다 … 이렇듯 하나님은 사람마다 다른 길을 가도록 하시는데, 각각의 길에 대해 하나님은 나름대로 이유를 갖고 계신다. 칼빈에 따르면, 그래도 하나님이 후회와 회심을 자극하시기 위해서는 누구랄 것 없이 무차별적으로 분노의 표시를 보이며 기를 꺾으려 하실 것이다. 그래서 그들은 불신자들과 똑같은 어려움을 겪게 되는데, 이는 그들로 하여금 하나님의 보호가 얼마나 필요한지를 좀 더 분명하게 느끼게 하기 위함이다."[7]

이 인용문에서 알 수 있듯, 하나님의 역사는 각 개인에게 동일하게 주어지는 것이 아니라, 각자가 처한 상황과 형편에 따라 다양하게 부어주신다. 이에 대한 셀더르하위스의 또 다른 목소리를 주의 깊게 들어보자.

> "하나님은 신자들에게 지상의 복을 약속하시지만, 각자에게 좋은 것에 비례해서 각 개인에게 서로 다른 복을 처방하신다. 어떤

---

7 헤르만 셀더르하위스/장호광 역,『중심에 계신 하나님: 칼빈의 시편 신학』(서울: 대학기독교서회, 2009), 144-145.

이들은 그들에 대한 하나님의 총애를 확신하기 위해서 많은 행운을 필요로 하지만, 이를 위해서는 정말 거지의 지팡이를 쥐고 빌어먹는 신세가 되어야 하는 신자들도 있다. 어쩌면 하나님은 이런 부류의 신자들이 그들의 인생에서는 결여되었던 모든 것을 받게 될 하늘의 삶을 바라며 대기하도록 도우실지도 모를 일이다."[8]

이 인용문을 통해서 왜 하나님이 어떤 자에게는 날 때부터 건강하고 부유한 환경에서 자라 남들도 부러워할 정도의 삶을 영위해 가는가 하면, 어떤 자는 날 때부터 장애를 갖게 하고 심지어 가난의 찌든 삶속에서 온갖 고통을 겪게 하시는지, 그 이유를 어느 정도 납득할 수 있을 것이다. 그래서 우리 눈에는 하나님이 불공평하게 역사를 펼쳐가는 것으로 비춰지지만, 하늘의 관점에서 보면 "불공평의 공평"이라는 역설이 통용된다. 그런데 안타까운 것은 많은 목회자가 이런 역설의 진리를 간과한 채, 예수 잘 믿고 교회 생활에 헌신하면 모두가 동일한 정도의 복을 받는 것으로, 그것도 외적이며 물질적인 복을 주장한다.

따라서 이제 목회자의 입만 쳐다보며 설교에만 전적으로 매달리지 말자. 목회자 역시 설교를 통해 영원히 변치 않는 동일한 말씀을 전하되, 그 말씀을 성도 각자가 처한 형편과 환경에 맞도록 스스로 적용할 수 있는 소양과 안목을 갖게 하는 데 최선을 다해야 할 것이다. 그래서 성도들로 하여금 주체적 신앙을 갖게 하여 품격 있는 그리스도인으로 성장하게 하자. 이것이 바로 성도들의 믿음

---

8   같은 책, 146-47.

을 장성한 분량에 이르도록 이끄는 길이기 때문이다.

2. 기독교 교양강좌

교양이라 하면, 한마디로 철학, 종교, 문학, 예술 등을 포함한 여러 학문적 영역에서 획득한 지식을 통해 인간의 인격과 덕성을 함양하여, 넉넉하고 품격 있는 삶을 가능하게 하는 기제의 뜻으로써 이해할 수 있다. 그래서 "교양 있는 사람"이라 하면, 단순히 박학다식한 자만을 뜻하는 것이 아니라, 남을 배려하고, 이해심이 깊고, 사익보다 공익을 우선시하는, 한마디로 지극히 상식적이고 고매한 인격을 가진 사람을 의미한다.

이에 더하여 '기독교 교양'이라 하면, 그런 뜻을 가진 교양을 '기독교적 세계관'과 접속시켜 보다 폭넓은 신앙의 세계를 구축하려는 학문적 시도로 이해할 수 있다. 달리 말해 그리스도인과 비그리스도인 간에 구분 없이 모두에게 해당하는 '자연은총'으로 주어진 일반 학문의 세계를 신앙의 세계에 접속시켜 융·복합적인 영역을 확립하려는 시도로 볼 수 있다. 나아가 이것은 저 하늘의 것과 이 땅의 것, 시간적인 것과 영원적인 것, 영적인 것과 세속적인 것과의 조화와 균형 잡힌 시각을 확립하려는 시도로도 볼 수 있다.

오늘날 국내 교회 현실을 냉철하게 분석해 보면, '영적' 편식증 내지 오직 구원과 관련한 '특별 은총' 편식증에 걸려 있다 해도 과언이 아닐 것이다. 영적인 것과 세속적인 것과의 뚜렷한 경계를 긋는 극단적 이원론에 빠져 있다. 세속적인 것들은 멀리하고 버려야 할 것으로 간주하고, 오직 영적인 것에만 가치를 두고 가까이하려는 편협 된 시각을 보인다.

그래서 노래하면 찬송이나 가스펠 송만 듣고 부르려 하고, 서적은 신앙 서적만을 고집함으로 인해, 소위 '영적 편식증'에 걸려, 신앙의 건강성을 잃어버리는 경우가 종종 발생한다. 음식도 자기가 좋아하는 몇 가지 음식 종류만 고집하는 편식증에 걸리면, 자칫 건강에 이상이 생길 수 있다. 이처럼 영적인 음식도 특별 은총 내지 영적 음식만 고집함으로써 영적 편식증에 걸릴 수도 있다. 때문에 하나님의 자연 계시를 비롯한 자연 은총도 함께 골고루 섭취하는 습성을 길러야 할 것이다.

종교개혁자인 칼뱅은 영적인 것과 세속적인 것과의 차이를 인정하면서도, 동시에 양 측면의 공속성을 강조한다. 왜냐하면 저 하늘의 것과 이 땅의 것, 영원성과 시간성이 따로 떼어져 있는 분절된 영역이 아니라, 서로 맞닿아 상호작용하는 두 영역이면서 동시에 하나의 영역이기 때문이다. 더구나 영원한 존재로서 성자 하나님이 역사적 및 시간적 존재로서 육화하셨다는 점과 하늘의 진리를 계시한 말씀을 통해 이 땅에서 저 하늘의 것을 경험하고 볼 수 있기 때문이다. 그래서 우리는 영적인 것과 세속적인 것과의 이원론적 편협 된 사고에서 벗어나 조화와 균형 잡힌 시각을 갖도록 노력해야 한다.

칼빈은 한 사람도 예외 없이 모두에게 주어진 일반 은총 역시 하나님의 은혜로서 귀히 여기고 마음껏 향유할 수 있는 그리스도인의 자유가 있음을 주장한다. 따라서 그리스도인에게 성서를 포함한 신앙 서적만이 아니라, 일반 세속적인 서적들도 얼마든지 읽을 자유가 있다. 기독교 영화뿐만 아니라 일반 영화도 감상할 수 있는 자유가 있으며, 예술 분야도 마찬가지다. 기독교 예술뿐만 아니라 세속적인 예술 역시 우리의 예민한 감성을 자극시켜 이 땅에서 아름답고 넉넉한 삶으로 우리를 인도한다. 하나님은 믿지 않는 자들에게도 일반 은혜를 허락하셔서 남들이 갖지 않는 심미적 요소를 비롯해 탁월한 재능을 갖게 하셨기 때문이다. 이런 일반 은총으로 제공된 다양한 세속적 작품들을 기피하는 것이 아니라, 오히려 마음껏 향유하고 즐겨 이 땅에서 넉넉한 삶을 영위해 가도록 하자.

이를 통해 그리스도인 홀로서기가 보다 견고해지며, 우물 안 개구리 같은 협소한 신앙의 세계에서 벗어나 보다 확장된 신앙의 넓은 세계로 진입할 수 있는 계기가 마련된다. 이런 폭넓은 신앙의 세계로 들어가기 위한 체계적인 대안으로 "문학으로 읽는 신앙세계", "영화로 보는 신앙세계", "예술로 감상하는 신앙세계"로 초대하고자 한다.

1) 문학으로 읽는 신앙세계

인문학을 간단히 말하면, 인간의 삶에 나타나는 전반적인 문제를 포함해 사유하는 방법 및 내용, 인간다움을 학문적으로 탐구하는 영역을 말한다. 가설에 의거한 실험의 증명성을 중요시하는 자연과학과는 달리, 인문학은 가시적인 현상의 세계를 움직이고 지배하는 형이상학적 원리 및 근원으로서 의미를 갖는다. 이런 뜻을 가진 인문학의 영역에 있어 문학, 역사 및 철학이 중심을 이룬다. 이 중에서 특히 문학은 전체 인문교양 분야의 꽃이라 해도 무리가 아닐 것이다. 시, 소설, 수필, 희곡 등의 다양한 문학 장르를 통해 인간 전반의 삶의 세계를 마음껏 표출할 수 있게 하기 때문이다. 뿐만 아니라 픽션과 논픽션의 경계를 넘나들면서 상상의 나래를 마음껏 펼칠 수 있게 하기 때문이다.

나아가 문학의 세계는 특정한 공간 영역에 얽매이지 않고 초월하고, 과거와 현재 및 미래를 동시적으로 왕래하면서 상상의 세계를 창의적으로 확장시켜 나갈 수 있게 한다. 인간의 냉철한 이성적 사유를 동원해 사물의 명확한 판단을 내리게 할 뿐만 아니라, 감각적 지각 및 심미적 요소를 작동시켜 사람들의 가슴을 설레게 하거나 요동치게 한다. 무엇보다 인간의 감정을 살찌우게 하는 예술적 요소 또한 가미되어 있다.

이제 이런 뜻을 지닌 문학의 세계를 기독교적 세계관과의 접점을 찾는 작업으로 눈을 돌리도록 하자. 하나님의 말씀인 성서 속에도 다양하고 풍성한 문학적 장르를 발견할 수 있다. 대표적인 시적 장르로 읽혀지는 '시편'을 비롯해서 서사적 장르 또한 여러 군데에서 발견된다. 이와 동시에 성서는 다양한 문학적 작품을 공급해주는 '샘' 내지 '저수지'로 비유될 수 있다. 달리 말해 성서는 시, 수필, 소설 및 드라마 등의 작품을 창출해 낼 수 있는 문학 세계의 '황금 어장'으로 표현할 수 있다는 말이다.

이렇게 말씀을 기초로 한 대표적인 문학 작품으로 단테의 『신곡』을 들 수 있는데, 이 작품은 지옥, 연옥, 천국의 세 부분으로 구성된 서사적 장르로서, 정의의 개념을 포함해 신화, 역사, 철학 및 신학의 인문학적 요소가 내포되어 있어서 시간이 많이 지났지만, 오늘을 살아가는 우리 그리스도인에게 많은 것을 생각하게 해주고 울림을 주는 작품이다.

또한 구약 욥기서를 배경으로 한 괴테의 『파우스트』 작품은 악마 '메피스토펠레스'의 등장을 통한 '죄'와 '악'에 대한 개념과 인간의 자아 이해 및 정립을 새로운 관점에서 이해하게 해준다. 이외 '일반 은총'으로 주어진 수많은 국내외 문학 작품[9]을 통해 사고의 폭을 넓혀 신앙의 세계가 보다 확장될 수 있으며, 나아가 그리스도인의 주체적 신앙 확립이 구체화될 수 있는 가능성을 열어준다.

이런 "문학으로 읽는 신앙의 세계"의 강좌를 개설하려면, 기본 틀을 다음과 같이 구성하면 좋을 듯하다. "문학, 어떻게 이해해야 하나?", "기독교 문학이란?", "기독교 문학을 역사적으로 이해하기 (초기, 중세, 신비주의, 종교개혁, 근·현대 이후)", "국내 작가와 작품을 통해 만나는 신앙세계", "국외 작가와 작품을 통해 만나는 신앙세계" 등. 이렇게 기독교 교양강좌를 위해 "문학" 분야를 적극적으로 추천한다.

2) 영화로 보고 듣는 신앙세계

오늘의 시대를 "영상의 시대" 내지 "비주얼 전성시대"로 평가

---

9   가령, 도스토예프스키의 『죄와 벌』; 헤르만 헤세의 『데미안』; 윤동주 시인의 「팔복」, 「십자가」, 「참회록」; 송광택의 『고전의 숲에서 하나님을 만나다』 등을 들 수 있다.

한다. 그래서 글자로 쓰여진 책을 읽는 숫자보다 영상을 보는 숫자가 훨씬 선회할 것으로 추정한다. 물론 영화관에서 영화를 보는 관객은 날이 갈수록 줄어드는 추세지만, 넷플릭스를 포함해 동영상으로 다운로드 받아 영화를 감상하는 관객층은 훨씬 두터워지거나 증가하는 현실이다. 그만큼 교양 영역에 있어 영화가 차지하는 비중이 날로 커진다는 증거일 게다.

이런 현상에 대해 단지 숫자적 증가에만 관심을 갖는 것보다, 영화가 미치는 사회적 영향력에 주목하면서 그 원인을 비롯해 순기능과 역기능을 분석하는 노력이 따라야 할 것이다. 무엇보다 영상이 주는 사회적 폐해를 빠트리지 않고 다각적으로 살펴보아야 할 필요가 있다. 가령 영상 문화에 깊이 함몰되다 보면, 인간의 사고하는 능력과 폭을 약화시키거나 축소시킬 수 있다는 점과, 영상을 생산해내는 주체 세력의 의도나 지향점에 경도되어 편협 된 사고나 심지어 왜곡된 사고를 초래할 위험성을 고려해야 한다. 하지만 이런 우려스러운 측면도 있겠지만, 역으로 호기회로 삼을 수 있는 가능성도 배재할 수 없다. 오늘날 영향력이 점점 커지는 영화를 기독교 세계관과 접목시켜 학문적 체계를 구축함으로써 그 가능성을 찾을 수 있다.

특히 영화는 급변하는 시대적 상황을 잘 반영하여 짧은 시간에 그 변화상을 잘 읽어낼 수 있는 시대적 코드를 알려주기도 한다. 이것은 현재 영화 시장을 지배하는 인기 있는 영화를 분석해보면 금방 알 수 있다. 즉 관객이 많이 몰려 있는 영화는 현실과 아무런 관련이 없거나 동떨어진 허무맹랑한 내용이 아니라, 오히려 현 시대를 반영한 내용이거나, 앞으로 일어나게 될 일들을 미리 예상해 시대를 앞서가는 내용으로 구성되어 있다. 그래서 현 시대를 이끄는 주류적 경향과 맥락을 가장 빠른 시간 안에 파악하려면, 영화를 보라는 조언이 틀린 말이 아닐 것이다.

따라서 이런 시류에 편승하여 영화를 기독교 교양 영역으로 적극적으로 수용하여 평신도들의 신앙적 사고의 폭을 넓히는 데 활용하는 방안을 찾아야 한다. 국내외적으로 끊임없이 쏟아지는 수많은 영화를 다 감상할 수는 없겠지만, 그중에서도 현 시대를 잘 반영하는 것과 그리스도인의 신앙적 세계관을 잘 정립할 수 있는 여지가 많은 영화를 선정하여, 토론하고 생각할 수 있는 장을 마련하게 해야 할 것이다.

이를 위해 기독교 전통 영화인 「벤허」, 「쿼바디스」, 「십계」, 「패션 오브 크라이스트」 등도 좋지만, 일반 영화지만 신앙세계와 접속시켜 세속적 영역과 영적 영역과의 조우에서 갖는 의미를 발견하는 것도 고려해보아야 한다. 한 예로써 김용화 감독의 「미녀는 괴로워」(2006년)를 들 수 있다. 이 영화는 '성형수술'을 주요 의제로 삼지만, 단순히 성형에만 그친 것이 아니라, 성형을 통해 그 당시 여성의 외모에 대한 사회적 통념을 들추어내어 고발하려는 데 있다. 즉 예쁘고 날씬한 몸매를 가진 여성은 똑똑하고, 지적이며, 예의 바르고, 센스가 빠르다는 등의 긍정적인 이미지로 각인되어 있는 데 반해, 못생기고 뚱뚱한 여성은 우둔하고, 게으르고, 눈치가 없다는 등의 부정적인 이미지로 심어져 있다는 것이다.

그런데 이 일반 영화에서 나타나는 주 의제를 기독교적 세계관과 접속시켜 의도하는 것은 단순히 그 당시 사회적 통념을 읽어 내는 데 있지 않고, 오늘의 상황과 맥락으로 소환하여 성형과 그것에 따른 사회적 이미지에 대한 문제점을 다각적으로 토론하고 판단하려는 데 있다. 다시 말해 그런 사회적 통념에 따른 '성형 수술'이 신앙적 및 (기독교)윤리적 관점에서 어떠한지 다각도로 검토하여, 그 대안을 목회자의 단순하고 일방적인 제시가 아니라, 성도 스스로 찾는, 즉 주체적 신앙 판단과 결정을 내리도록 안내하는 데 있다.

또한 일반 영화인 이창동 감독의 「밀양」(2007년)을 들 수 있는데, 이 영화에서 드러나는 그 당시 교회와 성도들의 실존적인 모습과 더불어 교리적 개념인 '회개'와 '용서'가 갖는 사회적 및 영적 의미를 생각하게 해주는 계기를 제공한다.

이외에도 현 인류 전체에 큰 화두가 되고 있는 인공지능(AI)을 활용한 '휴먼로봇'을 다룬 영화로써 「터미네이터」(1984)를 필두로 「매트릭스」(1999년), 「에이 아이」(2001년), 「아이, 로봇」(2004년), 「엑스 마키나」(2015년), 「블레이트러너 2049」(2017년) 등을 포함해 "현 세계를 초월한다"는 뜻을 가진 디지털 현실로서 메타버스(Metaverse) 시대의 출현을 알리는 영화 「레디 플레이어 원」(2018년)을 들 수 있다. 이처럼 급변하는 현 시대를 잘 반영하는 영화를 소재로 삼아, 기독교 세계관과 연결시켜 오늘의 시대적 코드를 발견하고, 그 의미를 찾는 작업이 필요할 것이다.

이런 "영화로 보는 교양강좌"를 위한 기본 과정을 다음의 제목으로 개설해 보면 어떨지 제언해 본다. "영화, 어떻게 이해해야 하나?", "기독교 영화란?", "기독교 영화를 역사적으로 살펴보기",

"기독교 영화를 감상하면서 생각해보기", "일반 영화의 기독교적 이해"(영화 감상 및 비평) 등.

3) 예술로 감상하는 신앙세계

예술이란 한마디로, 인간의 지성적 요소보다 감각적 요소를 자극하여 아름다움을 추구하고 표현하는 창의적인 작품 내지 그 작품을 생산해내는 인간의 모든 활동을 일컫는 말이다. 바로 앞서 다룬 영화가 '종합예술'의 성격을 갖지만, 보통 예술이라 하면 '음악'과 '미술' 분야를 일컫는 말이다. 따라서 기독교 교양강좌의 예술 분야로써 '음악'과 '미술'에 중점을 두고 평신도가 갖는 기독교 교양교육의 의미를 모색해 보고자 한다.

(1) 음악으로 듣는 신앙세계

예술 분야 중 음악은 우리의 청각 작용을 통해 잔잔한 감정의 호수에 돌을 던져 물살을 일으키게 한다. 그 물살은 먼저 감각적 지각을 건드려 우리의 감정을 요동치게 하지만, 이내 사유작용으로 건너와 흐트러진 우리의 마음을 추스르게 하여 안정과 평안을 되찾게 하는 기제로서 의미를 갖는다.

이렇게 음악은 자칫 메마르고 건조할 수 있는 우리의 영혼을 촉촉이 적셔주는 단비와도 같아 새로운 활력을 불어넣어 주기도 하며, 차갑게 얼어붙은 우리의 마음을 눈 녹듯이 사르르 녹게 하며, 우울한 마음에 생기를 북돋워 주는 윤활유 같은 역할을 한다. 한마디로 음악은 우리의 모든 감정에 개입한다. 슬플 때 음악을 들으면, 그 슬픔에 담긴 의미를 생각나게 해주어 그 슬픔이 도리어 나를 성숙하게 만들어 주기도 하며, 상처받은 마음을 달래주어 평온한 일상으로 돌아오게 하는 심리 치료적 효과를 내기도 한다. 그래서 음악 치료사가 존재할 정도이다. 반대로 기쁠 때 들으면, 그 기쁨이 배가 되도록 흥을 북돋워 주기도 한다. 기쁠 때 노래가 절로 나오는 게 다 그런 이유일 게다. 쓸쓸할 땐 쓸쓸한 대로, 기분이 좋을 때는 좋은 대로, 음악은 그때마다 다양한 모양과 색깔을 띠고서 우리의 감정을 터치한다.

이렇듯 음악은 우리 삶에 있어도 되거나 없어도 되는 선택적 요소가 아니라, 반드시 있어야 하는 필연적인 요소에 해당한다. 나아가 음악은 단순히 우리의 감정 영역만이 아니라, 우리의 사유 작용과 의지에도 관여함으로써 인격 형성에도 영향력을 행사한다. 이런 의미를 지닌 음악은 믿는 자든 믿지 않는 자든 구분 없이 모든 인간에게 주어진 하나님의 일반 은혜로서 귀한 선물이다.

이처럼 우리의 일상에 미치는 일반 음악의 영향력이 이 정도인데, 하물며 '교회' 음악은 오죽하겠는가? 하나님은 우리의 기도와 함께 찬양을 기뻐 받으신다. 음악은 하나님을 기리며 위엄과 존엄을 드러냄으로써 영광을 드높이는 최고의 방편으로 의미를 갖기 때문이다.

일반 음악과는 달리, 교회 음악은 주로 예배에서 불리어지는 찬송가를 포함해 성가곡 및 복음송가(가스펠 송) 등을 일컫는 말이다. 성서에는 음악에 관하여 839번 이상이 언급될 정도로 그 중요성이 강조된다. "온 땅이 주께 경배하고 주를 노래하며 주의 이름을 노래하리이다 할지어다."(시 66:4) "시와 찬송과 신령한 노래들로 서로 화답하며 너희의 마음으로 주께 노래하며 찬송하며"(엡 5:19). 이외에 음악이 하나님의 영광을 드러내는 데 있어 얼마나 중요한 역할을 하는지 다수의 성서 구절에서 발견할 수 있다.

또한 교회 음악이 우리의 일상에서 얼마나 많은 영적 에너지를 공급하는 주요 방편으로 작용하는지 말로 다 표현할 수 없을 것이다. 가사를 생각하면서 부르는 찬송은 단순히 우리의 감정을 일시적으로 불러일으키는 데 그치는 것이 아니라, 영적 에너지를 공급받아 인격을 새로이 형성하는 데까지 작용한다. 이렇게 교회 음악은 우리의 일상에서 하나님 나라의 확장을 위해 기여하는 기폭제로서 의미를 갖는다.

하지만 앞서 언급했듯이, 영적 편식증에 빠져 찬송가를 비롯해 교회 음악만을 즐겨 듣고 부르는 것이 아니라, 일반 음악, 그중에서도 우리의 아름다운 정서를 북돋워 주는 클래식 음악이라든가, 건전한 가사로 구성된 유행 음악도 얼마든지 부르고 들을 수 있는 자유가 우리에게 주어져 있다. 이런 자유를 마음껏 활용해 보도록 하자.

그리스도인의 일상에서 중요한 의미를 갖는 교회 음악을 위한 프로그램을 다음 제목으로 구성해 보면 어떨지 조심스럽게 제언해 본다. "교회 음악이란?", "예배와 교회음악", "교회음악과 세속음악, 무슨 차이가 있을까?", "찬양의 본질 이해", "열린 찬양, 어떻게 이해해야 하나?", "한국 교회 음악을 역사적으로 살펴보기", "해설이 있는 찬송" 등.

(2) 미술로 보는 신앙세계

보통 예술이라 하면 '미술' 분야를 빠트리고 생각할 수 없을 것이다. 미술은 인간의 심미적이며 감각적인 요소를 자극하여 아름다움을 회화나 조각 등으로 구현하는 창의적인 작품과 이 작품을 만들어 내는 인간의 모든 활동을 일컫는 말이다. 미술은 시대적 맥락과 정신이 반영된 시대적 산물로도 이해될 수 있다. 따라서 어느 특정 시대의 미술 작품을 보면, 그 시대의 변화상을 한눈에 파악할 수 있다. 또한 바깥 사물이 인간의 내면세계, 그중에서도 감성의 세계를 터치하여 각양각색의 그림이나 조형물을 창작하게 하거나, 선험적으로 존재하는 이념의 세계가 사유 작용에 의해 끄집어내어져 상징적 및 은유적 작품으로 묘사되기도 한다.

어쩌면 세계 미술의 원조는 창조주 하나님에게서 발견할 수 있을지 모른다. 말씀으로 만물을 창조하는 작업 자체가 예술 작품으로 볼 수 있기 때문이다. 특히 창조 작업의 마지막 작품으로써 인간을 만드실 때, 땅의 흙을 재료로 사용하여(창 2:7), 당신의 형상과 모양대로 창조하셨다. "하나님이 이르시되 우리의 형상을 따라 우리의 모양대로 우리가 사람을 만들고…"(창 1:26) 이렇게 인간을 포함한 모든 만물은 하나님께서 직접 창안하여 완성한 창작물이다. 또한 엿새 동안 만드신 창작물을 보시고 "보시기에 심히 좋았다."고 말씀하신다. 이것은 인격을 가지신 하나님의 감각적 지각력을 표현하는 말씀이기도 하다. 때문에 하나님 역시 예술적 감각에 뛰어나신 분으로 이해될 수 있다.

뿐만 아니라 예수님 역시 '목수'의 아들로서 태어나 육신적 아버지인 요셉의 일을 도우면서 목수 일에 관여했다. 목수의 직업은 나무를 조각하는 일로써 미술과 직·간접적으로 얽혀 있는 일이기 때문에, 예수님은 미술에 참여하신 분으로 간주될 수 있을 것이다. 나아가 "공중에 나는 새를 보라"든지, "들의 백합화를 보라"는 자연 친화적인 예수의 말씀은 그분의 심성에 심미적 요소가 충만하여 예술성이 뛰어난 분으로 미루어 짐작할 수 있게 해준다.

이처럼 인격성을 가진 하나님 역시 완전한 예술성을 가진 예술의 원형이자 주관자로서의 의미를 갖는다. 따라서 하나님의 형상이라 할 때, 그 요소로 감성을 동반한 예술성에서도 찾을 수 있다. 하나님의 형상으로서 갖는 예술성 중 미술 분야는 이렇게 하나님으로부터 연원한 것으로써, 기독교 미술이라는 새로운 장르를 탄생시키기도 했다. 이런 장르가 본격적으로 등장하기 시작한 것은 기원 후 2-3세기경 로마 제국의 기독교 박해를 피해 숨어 예배를 드렸던 '카타콤'의 벽화에서부터다. 이 벽화에는 주로 낙원을 상징하는 뜻으로 새를 비롯해 각종 동물 그림이 그려져 있고, 혈루증을 앓고 있는 여인이 고침을 받기 위해 예수 앞에 무릎을 꿇고 있는 장면 또한 인상적이다. 이렇게 신앙적 내면의 세계가 회화나 조각으로 표현되었다.

이렇게 시작된 기독교 미술은 콘스탄티누스 황제의 기독교 공인(313년)을 계기로 본격적으로 등장하기 시작한다. 특히 콘스탄티누스 황제의 어머니가 대성당을 바실리카 양식으로 회당을 건립한 것을 필두로, 중세 시대로 넘어가서는 신앙의 세계가 '비잔틴', '로마네스크' 및 '고딕'의 양식을 띤 조각이나 그림으로 표현된다. 특히 중세 시대에는 신 중심 세계관이 사회 전반을 지배하면서 그런 양상이 미술 분야에서도 반영되어 작품화되어졌다.

이 때문에 각 시대의 미술 작품을 분석해보면 각 시대를 풍미한 사상이나 경향을 파악할 수 있게 된다. 기독교적 색채가 그 어느 때보다 강하게 드러나는 중세 시대의 작품들은 대개 영적 세계를 주제로 삼는 경우가 주류를 이루었다. 그렇기 때문에 특히 그림은 단순한 그림에 지나지 않는 것이 아니라, 문학, 철학 및 신학 등의 사상적 색체가 강하게 묻어나 있다. 그래서 그림을 통해서 당시의 인문학적 사상을 한눈에 파악할 수 있는 기회가 제공된다.

이런 경향은 이후 르네상스, 종교개혁, 근·현대 시대를 지나 최근의 시대까지 이어져 온다. 따라서 각 시대마다 차이를 보이며 생성되는 작품들을 분석해 보면, 시대적 맥락과 사상을 드러내는 시대정신을 읽어낼 수 있다. 그러므로 미술 작품은 인간의 감각적 충동에 의해 시작되지만, 그것에 그치지 않고 이성적 사유 활동을 통해 형이상학적 관념의 세계를 상징적으로 드러내기도 한다.

그런데 여기서 유념해야 할 것은 기독교 미술에만 함몰되어서는 안 된다는 점과, 믿지 않는 세상 사람에게도 주어진 하나님의 일반 은총에 따라 창작된 세속적 미술 작품에도 눈을 돌려 마음껏 향유할 자유가 있다는 사실이다. 일반 조각이나 건축물, 그리고 그림에도 우리의 감성을 자극해 아름다운 미적 세계를 체험하는 심미적 요소가 가득 들어 있기 때문이다. 이를 통해 자칫 메마르거나 건조할 수 있는 우리의 감정을 촉촉이 적셔 일상을 더욱 넉넉하고 아름답게 꾸밀 수 있게 한다.

여기서 한 걸음 더 나아가, 세속적 미술 작품에서도 발견할 수 있는 하나님의 손길과 지혜를 체득함으로써 영적인 것과 세속적인 것이 파편적으로 분절된 것이 아니라, 상호 작용에 의한 공속된 것임을 깨닫게 한다. 이렇게 세상적인 것도 영적인 것과 더불어 골고루 섭취함으로써 영적 편식증에서 벗어나 우리의 일상에서 신앙의 건강성을 유지할 수 있다. 뿐만 아니라 나의 신앙은 나 자신이 지키는, 소위 주체적 신앙 확립이 가능해지는 기회가 덤으로 주어진다.

이에 따라 평신도를 대상으로 해서 기독교 미술과 연계한 프로그램을 기획할 경우, 다음 제목으로 구성하면 어떨지 제언해 본다. "기독교 미술이란?", "서양미술사와 한국미술사의 특징과 차이가 무엇일까?", "그림을 통해 들여다보는 성서의 세계", "교회실내건축 양식사 이해하기", "기독교 공예 이해하기", "기독교 건축 이해하기" 등.[10]

이제 마지막으로 제언해보고자 하는 것은 앞서 제시한 평신도를 위한 신학강좌와 기독교 교양강좌를 어떻게 시행하느냐는 실천적 적용 문제이다. 이런 문제로 종종 신학자들이나 목회자들과 의견을 나누다 보면 현실적으로 시행하기에 많은 한계가 있음을 깨

---

10 기독교 미술 분야의 교양강좌를 위해 다음 책을 추천한다. 앤서니 C. 티슬턴 저/최승락 역, 『성경의 그림 언어와 상징해석』(서울: 이레서원, 2021); 전창림, 『명화로 여는 성경』 (서울: 어바웃어북, 2017); 박응순, 『그림을 읽으면 성경이 보인다』(서울: 엘맨, 2019); 주서택/김선화, 『그림과 성경으로 풀어가는 마음의 치유』(서울: 숲이나무에게, 2022) 외.

닫는다. 대개 주일 공예배를 드리고 나서 점심이나 다과를 드신 후에 오후 예배에 참석하지 않고 돌아가는 분들의 비율이 상당하다는 것이다. 요즈음 예전하고 다르게 수요 예배나 주일 오후 예배 참석률이 상대적으로 저조하다는 사실이다.

사실 국내 교회 예배의 종류와 횟수를 국외 교회와 비교 · 분석해 보면, 가히 세계 최고의 수준일 것이다. 주일 공예배와 오후 예배, 수요 예배, 금요 심야 예배 및 기도회, 매일 새벽 예배 등. 이에 더하여 각종 소그룹 모임이라든가, 동아리 모임 등을 포함한다면 더 늘어날 것이다. "모이기에 힘쓰라"(히 10:25; 행 2:46 참조)는 말씀을 충실히 이행함으로써 모임으로 치자면, 세계 그 어떤 나라보다 국내 교회를 따라올 교회가 아마도 없을 것이다.

하지만 저자가 여기서 밝히고자 한 논점은 예배의 종류와 횟수를 줄이자는 데 있는 것이 아니라, 다양한 예배 중 하나를 선택하여 지금껏 제시한 평신도를 위한 "신학 강좌"와 "기독교 교양강좌"로 대치하면 어떨지 조심스럽게 제안하는 데 있다. 가령 주일 오후 예배나 수요 예배를 대신해서 이런 프로그램으로 채워진다면 어떨지 하는 견해이다. 아니면 기존 예배를 그대로 존속하고 요즈음 남녀노소 할 것 없이 유튜브 동영상을 청취하는 수가 점점 증가하는 추세이니, 이런 추세를 활용하는 것도 좋은 방법 중 하나일 것이다. 예를 들어, 교회 자체적으로 이런 강좌를 개최해서 성도들이 대면으로 들을 수 있는 기회를 제공함과 동시에, 그 강좌를 촬영해서 참석치 못한 성도들을 위해서도 동영상으로 들을 수 있는 기회를 제공하는 방법이다.

이외 오늘날 유튜브 동영상을 활용한 평신도를 위한 신학 및 신앙 강좌를 비롯해 각종 인문학 강좌가 넘쳐나고 있는 실정이다. 따라서 이런 SNS를 통한 강좌를 잘 선택해서 청취하도록 성도들에게 안내하는 것도 좋은 방법 중 하나다. 최근 개발한 챗GPT를 활용하는 것도 고려해 볼 만한 방법이다. 성도가 개인적으로 평소 신앙 및 신학적으로 궁금한 점이 있으면, 챗GPT를 통해 어느 정도 대답을 찾을 수 있기 때문이다. 하지만 조심해야 할 것은 챗GPT가 바르고 정확한 답을 제시할 수 있는 보장을 해주지 못하는 한계를 지니고 있다는 점이다. 때문에 다만 참고할 정도로만 여기면 좋을 듯하다.

　본 주제와 약간 비켜서 있는 내용이지만 그럼에도 굳이 첨언하자면, 이제 한국 교회는 '모이는' 교회에서 '흩어지는' 교회로 그 성격을 전환할 필요가 있다. 이제껏 한국 교회는 모이기에 힘써 왔다. 물론 모이는 것이 중요하지 않다는 뜻이 아니다. 그러나 예배를 포함한 교회 모임이 찬양, 기도 및 말씀을 통해 영적 에너지를 공급받아 '세상'에서 빛과 소금의 역할을 잘 감당함으로 사회를 변혁시키는 변혁의 주체로 우뚝 서는 데 있음을 깨닫는다면, 그 본질은 '모임'보다 '흩어짐'에 있다. 이처럼 교회는 모임 자체보다 흩어져 가정을 비롯해 직장과 학교에서 각자에게 주어진 사명을 잘 감당하는 '일상'에서 그 본질적 의미를 찾을 수 있다.

+ 참고문헌 +

국외문헌

Adorno, Theodor W. *Negative Dialektik*. Frankfurt a.M.: Suhrkamp, 1966.

Althaus, Paul. *Die christliche Wahrheit-Lehrbuch der Dogmatik*. *Bd 2*. Gütersloh: C. Bertelsmann Verlag, 1949.

Barth, Hans Martin. *Einander Priester sein: Allgemeines Priestertum in ökomenischer Perspektive*. Göttingen: Vandenhoeck & Ruprecht, 1990.

Benjamin, Jessica. *Die Fesseln der Liebe,* Frankfurt a. Main: Fischer Taschenbuch Verlag, 1993.

Brecht, Martin. "Luther, Martin(1483-1546)." in *Theologische Realenzyklopädie* (=T.R.E.). hrsg. von Gerhard Müller. Bd XXI. Berlin · New York: Walter de Gruyter, 1991: 514-521.

_____. *Martin Luther. Sein Weg zur Reformation 1483-1521/Ordnung und Abgrenzung der Reformation 1521-1532*. Stuttgart: Evangelische Verlagsanstalt, 1986.

Brunner, Emil. *Der Mensch im Widerspruch*. Zürich: Zwingli Verlag, 1965.

Calvini, Ioannis. *opera qua supersunt imnia*. hrsg. von Wilhelm Baum. Eduard Cunitz et Edward Reuss. 59 Bd. Bruanschweig-Berlin, 1863-1900.

Derrida, Jacques. *Die Stimme und das Phänomen. Ein Essay über das Problem des Zeichens in der Philosophie Husserls*. übers. v. Jochen Hoerisch. Frankfurt a.M.: Suhrkamp, 1979.

_____. *Randgänge der Philosophie*, übers. v. Gerhard Ahrens u.a. Wien: Passagen Verlag, 1999.

_____. *Grammatologie*, übers. v. Hans-Joerg Rheinberger u. Hanns Zischler. Frankfurt a.M.: Suhrkamp, 1998.

_____. *Dissemination*. übers. v. Hans-Dieter Gondek. Wien: Passagen Verlag, 1995.

Descartes, Rene. *discours de la méthode-Von der Methode des richtigen Vernunftgebrauchs und der wissenschaftlichen Forschung*. hrg. von Christian Wohlers. Hamburg: Felix Meiner, 1964.

_____. *Meditationes de prima philosophia. Meditationen über die Grundlagen der Philosophie*. hrg. von Christian Wohlers. Hamburg: Felix Meiner Verlag, 2008.

Fetscher, I. *Hegels Lehre vom Menschen, Kommentar zu den 387 bis 482 der Enzyklopädie der philosophischen Wissenschaften*. Stuttgart-Bad Cannstatt: Frommann, 1970.

Greshake, Gisbert. "Priester/Priestertum III/I." in: *Theologische Realenzyklopädie* (=T.R.E.). hrsg. von Gerhard Müller. Bd XXVII. Berlin · New York: Walter de Gruyter, 1997.

Heidegger, Martin. *Holzweg*. Frankfurt a.M.: Klostermann, 1957.

Hegel, G.W. *Phänomenologie des Geistes*. Theorie Werkausgabe. Werke in zwanzig Bänden. Bd. 3. Frankfurt a.M.: Suhrkamp Verlag, 1969.

_____. *Vorlesungen über die Philosophie der Religion I*. hrsg. von G. Lasson. (Hamburg: Felix Meiner Verlag, 1966.

_____. *Vorlesungen über die Ästetik II. Hegels Werke*. 20(14). Frankfurt a.M.: Suhrkamp Verlag, 1969.

Herborn, Nicolaus. *locorum communium adversus huius temporis haereses*

enchiridion(1529). hrsg. von Albert Ehrhard. Münster: Verlag
Aschendorff, 1927.

Honneth, Axel. *Unsichtbarkeit. Stationen einer Theorie der Intersubjektivität*,
Frankfurt/Main:Suhrkamp, 2003.

Jüngel, Eberhard. *Gott als Geheimnis der Welt*. Tübingen: Mohr Siebeck, 2001.

_____. *Zur Begründung der Theologie des Gekreuzigten im Streit
zwischen Theismus und Atheismus*. Tübingen: Mohr Siebeck, 1977.

Kant, Immanuel. *Grundlegung der Metaphysik der Sitten*. in: (Hg.) W.
Weischedel. Werkausgabe VII. Frankfurt a.M.: Suhrkamp, 1989.

Kierkegaard, Sören. *Abschliessende unwissenschaftliche Nachschrift zu
den philosophischen Brocken*. 1.Teil. hrsg. von Emanuel Hiersch.
Düsseldorf/Köln: Eugen Diederichs, 1957.

Lailach-Hennrich, A. *Ich und die Anderen. Zu den intersubjektiven Bedingungen
von Selbstbewusstsein*. Berlin/New York, 2011.

Litt, Th. *Hegel: Versuch einer kritischen Erneuerung*. Heidelberg: Quelle &
Meyer, 1953.

Levinas, Emmaneul. *Totality and Infinity*, trans. Alphonso Lingis. A.. Nerherlands:
Kluwer Academic Publishers, 1991.

_____. *Totalität und Unendlichkeit*. Freiburg/München: Alber
Verlag, 1993.

_____. *Die Zeit und der Andere*, hrg. von Ludwig Wenzler.
Hamburg: Felix Meiner Verlag, 1991.

_____. *Jenseits des Seins oder anders als Sein geschieht*. Freiburg/
München: Karl Alber Verlag, 1992.

_____. *Zwischen uns: Versuche über das Denken an den Anderen*.
hrsg. von Frank Miething. Carl Hanser Verlag, 2007.

Link, C. *Subjektivität und Wahrheit −Die Grundlegung der neuzeitlichen Metaphysik durch Descartes−*. Stuttgart: A. Oeschlägersche Buchdruckerei, 1978.

Löwith, K. *Hegels Aufhebung der christlichen Religion*. Bonn: Bouvier, 1964.

Luther, Martin. *D. Martin Luthers Werke: kritische Gesamtausgabe*. (Weimarer Ausgabe=WA). hrsg. von Köpf Ulrich. Weimar: Hermann Bölau, 1883−2009.

Nietzsche, Friedrich Wilhelm. *Fröliche Wissenschaft*. in: Werke. hrsg. G. Colli & M. Montinari. München: De Gruyter Verlag, 1980.

Sartre, J.P. *Das Sein und das Nichts*. Hamburg: Reinbek, 1998.

Schmidt, Gerhart. *Aufklärung und Metaphysik. Die Neubegründung des Wissens durch Descartes*. Tübingen, 1965.

Vattimo, Gianni. *Das Ende der Moderne*. Stuttgart: Reclam, 1990.

Wohlfeil, Rainer. *Einführung in die Geschichte der deutschen Reformation*. München: Verlag Beck, 1982.

국외논문

Heidegger, Martin. "Wissenschaft und Besinnung." in: *Vorträge und Aufsätze*. (Neske, 1978): 41−66.

Henrich, D. "Der ontologische Gottesbeweis." *Gregorianum* Vol.42.No.3(1961).

Horstmann, R.P. "Hegels Ordnung der Dinge. Die Phänomenologie des Geistes als transzentalistisches Argument für eine monistische Ontologie und seine erkenntnistheoretischen Implikationen." *Hegel-Studien* 41(2006).

Link, Chr. "Die theologischen Wurzeln der Unterscheidung von Theorie und Praxis in der Philosophie der Neuzeit." in *Zeitschrift für Evangelische Ethik*, 21(1977).

Schulz, W. "Der Gott der neuzeitlichen Metaphysik, Pfullingen." in: *Philosophische Rundschau* 12:161(1964).

국내문헌

강영안. 『주체는 죽었는가』. 서울: 문예출판사, 1996.

김광기. 『이방인의 사회학』. 서울: 글항아리 출판사, 2014.

김균진. 『헤겔과 바르트』. 서울: 대한기독교출판사, 1983.

김연숙. 『레비나스 타자윤리학』. 고양: 도서출판인간사랑, 2002.

윤효녕 외 3인. 『주체 개념의 비판-데리다, 라캉, 알튀세, 푸코-』. 서울: 서울대학교출판문화원, 1999.

장호광. 『상호주체성과 기독교윤리학』. 파주: 한국학술정보, 2021.

_____, 『일상속에서 만나는 칼빈 신학』. 용인: 킹덤북스, 2017.

최태경 외. 『새국어사전』. 서울: 두산동아출판사, 2007.

번역서

Jay, E.G., 『교회론의 역사』. 주재용 역. 서울: 대한기독교출판부, 1986.

Kierkegaard, Sören. 『관점』. 임춘갑 역. 서울: 치우, 2011.

Kraemer, H. 『평신도 신학』. 유동식 역. 서울: 대한기독교서회, 1999.

Levinas, Emmaneul. 『윤리와 무한』. 양명수 역. 서울: 다산글방, 2000.

McIntyre, Lee. 『Post-Truth(포스트트루스)』. 김재경 역. 서울: 도서출판 두리반, 2022.

Merleau-Ponty, Maurice. 『지각의 현상학』. 류의근 역. 서울: 문학과 지성사, 2002.

Selderhuis, Herman J. 『중심에 계신 하나님: 칼빈의 시편 신학』. 장호광 역. 서울: 대한기독교서회, 2009.

Thevenaz, Pierre. 『현상학이란 무엇인가?, 후설에서 메를로 퐁티까지』. 심민화 역. 서울: 문학과 지성사, 1995.

논문

김웅래. "키에르케고어의 그리스도인 되기." 『누리와 말씀(World and word)』 42(2018): 257-286.

김장생. "전광훈의 개신교 지지자들." 「문화와 사회」 제28권 3호(2020): 139-188.

김판임. "루터의 만인사제론과 한국교회의 개혁 과제." 『신학사상』 179(2017/ 겨울): 41-74.

류장현. "평신도 운동과 신학에 관한 고찰." 『신학사상』 176집 (2017/봄): 115-148.

박원빈. "신학담론으로서 타자윤리의 가능성과 한계." 「기독교사회윤리」 16집 (2008): 217-237.

서용순. "이방인을 통해 본 새로운 주체성에 대한 고찰." 「한국학논집」 50(2013): 275-302.

성석환. "루터의 '만인사제론'의 공적 의미와 현대적 실천 연구." 『한국기독교 신학논총』 107(2018): 165-189.

손진욱. "자기심리학과 상호주관성 이론에서의 치료자-환자 관계." 「정신분 석」 제16집(2005): 13-27.

심민수. "키에르케고어의 실존적 단독자 사상의 교육적 함의." 『한국교육학연 구』 제10권 제2호(2004): 3-33.

우병훈. "루터의 만인 제사장직 교리의 의미와 현대적 의의." 『신학논단』 87(2017): 209-235.

윤병렬. "실존하는 그리스도인-키에르케고르의 실존사상." 「신학지평」 제17 집(2004): 331-362.

이남인. "상호주관성의 현상학-후설과 레비나스." 「철학과 현상학 연구」

18(2001): 13-63.

이상철. "본회퍼와 레비나스의 타자의 윤리." 「신학연구」 Vol.52 No.1 (2015): 59-87.

장호광. "키에르케고어의 기독교 비판, 그 현재적 의의 및 적용." 「조직신학연구」 41(2022): 140-171.

_____. "한국 교회 변혁을 위한 그리스도인의 신앙적 주체성 확립의 의의와 그 적용성." 「신학사상」 190(2020/가을): 118-132.

_____. "키에르케고어의 철학사상에 있어 동시성의 신학적 의의와 그 적용성." 『신학과 사회』 제34집 2호(2020): 1-32.

_____. "헤겔의 신앙론에 대한 키에르케고어의 비판." 『한국개혁신학』 43(2014): 62-87.

정홍렬. "루터의 만인제사장직." 『ACTS神學과 宣教』 9(2005): 178-193.

최대열. "헤겔의 성찬론." 「신학논단」 제56집(2009): 425-451.

주체적 신앙의 지형도

그리스도인 홀로서기

초판인쇄 2023년 11월 24일
초판발행 2023년 11월 24일

지은이 장호광
펴낸이 채종준
펴낸곳 한국학술정보(주)
주 소 경기도 파주시 회동길 230(문발동)
전 화 031-908-3181(대표)
팩 스 031-908-3189
홈페이지 http://ebook.kstudy.com
E-mail 출판사업부 publish@kstudy.com
등 록 제일산-115호(2000. 6. 19)

ISBN   979-11-6983-812-2 93230